광야에서의 성경묵상

KB192513

▶일러두기

교회력(Church Calendar, Christian Year)은 예수 그리스도의 구속 사건을 중심으로 형성된 달력이며, 대강절에서 시작하여 성탄절, 주현절, 사순절, 부활절, 성령강림절 등 여섯 절기로 되어있다.

대강절(Season of Advent)절기는 네 번의 주일을 지키며, 매 주일 소망(Hope), 사랑(Love), 기쁨(Joy), 평화(Peace)를 알리는 촛불을 하나씩 밝히며 성탄과 재림을 기다리며 맞이하게 된다.

성탄절(Season of Christmas)은 기쁨의 계절이다. 새로운 생명, 새로운 삶에 대한 소망을 가지고 가난하고 소외된 낮은 곳에서 힘겹게 살아가는 사람들과 함께 나누는 일에 힘을 써야 한다.

주현절(Season of Epiphany)의 '주현(Epiphany)'이란 주님께서 나타나셨다는 의미다. 예수의 사역을 따라 새로움과 갱신, 빛의 자녀로서의 삶을 추구하는 계절이다.

사순절(Season of Lent)은 예수 그리스도의 수난과 죽음을 묵상하면서 경건 훈련을 하며 그리스도의 부활을 기다리는 계절이다. 자기를 부정하고 십자가를 지고 주님의 뒤를 따르는 제자의 삶을 위하여 좀 더 근검 절약하고 절제하며 실천하는 삶을 살아야 한다.

부활절(Season of Easter)은 생명살림과 희망의 계절이다. 교회는 부활의 기쁨과 감격이 넘치는 삶을 살아가며, 실패와 낭패, 질병으로 인하여 아파하고 좌절을 느끼는 사람들에게 하늘의 위로를 전해야 한다.

성령강림절(Day of Pentecost & Season after Pentecost)은 성령을 보내 주시겠다는 약속의 성취 사건이며, 기독교 역사에서 교회의 출발이라는 새로운 장이 펼쳐진 사건이다. 교회는 창조, 생명, 인권, 환경, 종교개혁, 감사 등의 주제를 다루며 말씀을 전하게 된다. 이 기간 동안 그리스도인들은 주님의 가르침을 실천하는 삶을 살도록 노력해야 한다.

치유와 회복과 구원은 인간만이 아니라
피조물들에게도 이루어져야 할 과제이다.

광야에서의
성경묵상

정봉수 지음

교회라는 공동체를 떠나 우리 모두가 살아야 할 자연이란 공동체를 위하
여 성서를 묵상하고 나누려 한다. 그리고 더 많은 만남을 통하여 세상을 살
펴보려 한다. 살아 있음을 감사하고 살아있기에 더 열심히 살아갈 것이다.

작가
교실

구도의 길을 찾는 사람들에게 큰 등불이 되리라

김영헌(은평교회 원로목사, 전 서울연회 감독)

성경은 그리스도인들에게 가장 중요한 정경(Cannon)이요, 창조주 하나님과의 관계를 이어주는 연결통로이기도 하다. 초대교회 시절부터 중세기를 지나 현대에 이르기까지 수도승들이나 성화의 삶을 살아간 믿음의 선각자들이 성경을 손에서 놓지 않으려는 이유가 여기에 있다. 성경은 분명히 2000년에서 4000년 전에 쓰여진 책이다. 그러나 이 성경은 오늘도 살아 역사하시는 하나님의 음성을 듣게 하는 살아있는 책이다. 45여 년을 목회하면서 섬기는 교우들과 더불어 늘 성서일과(Daily Office)의 삶을 살아보려고 많은 애를 썼다. 매일매일 이어지는 삶의 현장(The Context)을 하나님의 눈과 마음(The Bible)으로 바라보며 살고 싶어서이다. 그래서 많은 성경묵상집들을 접해보곤 했다.

그런데 이번에 은퇴를 앞두고 정봉수 목사님이 그동안 틈틈이 자연 속에서 스스로 피었다가 지는 들꽃들을 바라보며 성경을 묵상했던 자료들을 모아 신교와 구교의 성서학자들이 3년을 주기로 성경 전체를 읽게 만든 성구집(Lectionary)을 교회력에 맞추어 매일의 묵상집으로 편찬하게 되어 너무 기쁘고 반갑다. 정 목사님은 미국의 자연보화라 일컬어지는 콜로라도와 애리조나의 들판에서 온갖 들꽃들을 벗 삼아 목회를 하시면서 성경을 통해서 나타나시는 하나님의 음성을 듣고 하나님의 눈으로 세상을 바라보며 묵상했던 것들을 글로 써서 교우들과 나누곤 하셨다. 현인들의 글을 읽으며 깨닫는 기쁨도 우리를 행복하게 만든다. 그러나 삶의 현장에서 깨달아지는 기쁨은 더 큰 감동과 희열을 준다. 그런 면에서 이번에 발간되는 정봉수 목사님의 '광야에서의 성경묵상'집은 사역자들이나 구도의 길을 찾는 사람들에게 큰 등불이 되리라 확신한다.

더구나 정봉수 목사님은 필자의 오랜 친구요 동역자였던 고 정춘수 목사님의 아우이다. 그도 역시 짧은 인생을 살았지만, 구도자들의 등불로 살았기에 늘 필자의 가슴속에 살아있는 친구이다, 그 친구를 통해 시골 농촌에서 목회하시던 부친 정종국 목사님 내외분을 신학생 시절에 뵈었다. 성자다운 희생과 헌신의 사역을 보고 철모르고 목사가 되겠다고 결심했던 필자에게 얼마나 큰 감동을 주었는지 모른다. 두 아드님의 사역 멘토도 그 아버님이셨을 것이다. 이 가문은 분명히 평범한 목회자의 가정이 아니라 성경의 삶을 살기 위해 가정을 바쳤던 아버님 정종국 목사님의 영성으로 채워진 가문이었다.

이에 누구든지 이 묵상집을 읽으면서 광야에서 들려오는 하나님의 음성을 듣고 신비한 성령님의 이끌림을 받으리라 믿는다.

'광야에서의 성경 묵상'에 부쳐서

정희수(UMC 위스콘신 연회 감독)

"사랑엔 거짓이 없나니 악을 미워하고 선에 속하라. 형제를 사랑하여 서로 우애하고 존경하기를 서로 먼저 하며 부지런히 게으르지 말고 열심을 품고 주를 섬기라."(로마서 12: 9-10)

선하고 착한 목회를 평생 드리고, 은퇴를 앞둔 정봉수 목사님의 삶과 리더십을 생각하면 바로 떠올리는 말씀이 사도 바울의 로마서 12장입니다. 청렴하게 순종하고 걸어온 길이 광야였고 거기서 맑은 영으로 주님과 동행하고 말씀의 깊은 속을 반추하였기 때문입니다.

처음 인연은 많은 분들이 그리워하는 정춘수 목사님으로 인하여 가까워졌지만, 미국 사회에서 동역하는 세월 속에서 겹치었고, 내면의 정과 존경으로 남다른 동행을 하게 되었습니다. 애리조나 리뎀트리스트 수양관에서 함께한 영성형성아카데미 시간은 훈훈한 기억과 감사의 마음을 상기시킵니다. 그 기간보다 깊은 교제를 나누게 된 것이 소중하였고, 서로 서원과 연대의 끈을 하나님이 주신 선물로 받게 되었습니다.

목사님의 사역은 애리조나 광야 사막에 피는 야생화 같고, 덤성

가까이 가서 만지고 싶은 선인장의 꽃 같습니다. 부름 받고 그 길을 외롭게 가면서 하늘을 들어서 올린 기도가 꽃 피우는 마을을 그렸고, 순박한 제단을 쌓아 올렸습니다. 악과 어둠을 거절하고 굳직하게 살아낸 순종의 길이 섬긴 많은 교우들의 삶을 축복하고 영력에 윤기를 더했습니다.

저는 〈광야에서의 성경 묵상〉을 대하면서 심미적인 위치의 마력과 시적인 상상력을 금세 다가가게 되었습니다. 영맥의 흐름이 묵상 그 너머에 강한 신학적인 고백으로 펼쳐집니다. 목회의 순례는 절기를 맞이하면서 옷깃을 여미는 목회자의 마음속에서 심오하여집니다. 그 거룩한 절기는 목회자의 심성을 일구어 주는 황금 길과도 같습니다. 예수 그리스도의 삶과 가르침을 중심으로 그분의 오심과 사역은 곁길로 가기 쉬운 우리들에게 복스런 길잡이가 됩니다. 바로 이 글들은 그 절기의 중심에서 말씀과 함께 엮어낸 아름다운 고백과 묵상입니다.

오늘을 맞으며 내일을 준비하고 내일을 살면서 영원의 대문을 열어 갑니다. 그것이 촌음을 아끼는 부지런한 믿음이며, 절기를 성스럽게 맞이하는 거룩한 반복, 그 실천적인 그리스도 사람들의 여정입니다.

목회의 길, 목양의 걸음은 광야의 길이라고 생각합니다. 많은 군중 속에서 엉기어 살지만 외롭고, 선이 분명하나 악의 힘은 거칠어서 대결하는 일상은 아프기도 합니다. 그런 가운데 주님의 부르심만 높이고 우리들이 유익은 사막 바닥에 던져 버리는 것입니다. 비우고 또 비우는 길이 광야 인생이고 거기에 신비롭게 임재하고 힘

있게 다가오시는 분이 아바 하나님이신 것입니다.

거기에 하늘 사람들의 소망이 있기에 속을 다 보이고, 가난한 목회도 성령의 권위를 보이는 거대한 목회의 담론이라는 믿음을 버리지 못하는 것입니다. 시험받으신 예수님이 말씀의 권위로 모든 유혹을 밀쳐 내듯이 그런 길을 정 목사님이 살아오셨습니다. 많은 분들이 그렇게 말할 것입니다. "악을 미워하고 선에 속하라"는 사도 바울의 경계가 저분에게 아주 원칙과 영적인 씨름이 되었더라 그리 형상화할 것입니다. 이민의 삶은 순수한 열정을 주고, 종국에는 외로운 순례길 가운데 많은 아름다운 영혼들과 조건 없는 사랑을 살게 합니다. 자나 깨나 천국의 일을 혼신을 다하여 하지만 화려한 것은 없습니다. 큰 영애도 없습니다. 가끔 당당하게 그분의 십자가는 어깨를 짓누르지만, 그 무게를 소명을 다하는 영광의 면류관으로 옮겨 안습니다.

바로 여기 정봉수 목사님의 노래와 담, 기도와 눈물이 함께 담겨 있습니다. 은혜의 여정을 가슴으로 축하드립니다.

더 깊이 말씀과 씨름하면서 영생의 길을 여전히 이후에도 든든한 믿음으로 더하여 가시고, 그. 하늘 신비에 탐닉하면서 하루하루 일상이 은혜와 감사로 넘치기를 기도합니다.

날마다 기도로 시작하는 하루의 신앙 여정을 위한 기도서

최종수(미연합감리교 원로목사)

정봉수 목사님은 전형적인 웨슬리언(Wesleyan)으로 꼼꼼하고 지독하게 믿음의 원칙을 한시도 저버리지 않으시는 목회자입니다. 자연히 영의 양식 공급에 한시도 쉬지 않고 강단의 말씀 외에도 성서일과에 따라 성도님들의 내면을 향한 믿음 여행길에 필요한 말씀을 글로 써서 공급하셨습니다. 그 말씀들을 책으로 엮어서 두고두고 묵상할 수 있게 되어 반갑고 기쁩니다.

이 묵상글들은 다른 무엇보다 교회력 준수와 3년 주기 성서일과에 따른 것이어서 더욱 뜻이 깊습니다. 잘 아시다시피 교회력은 예수님의 생애에 맞춰 한 해 동안 신앙의 일상화를 이루어준다는 점에서 아주 중요합니다. 성서일과에 따른 묵상은 말씀의 편식 없이 날마다 말씀을 골고루 섭취하면서 예수님의 발자취를 따라 사는 믿음 실천의 끈을 한시도 놓지 않으시는 정 목사님의 삶의 모습을 보여줍니다.

이민 광야 길에 물길 트고, 목양초 심어 들꽃 피는 마을에서 양떼 먹이시길 여러 해, 그 묵상 기록들은 날마다 기도로 시작하는 하루의 신앙 여정을 위한 기도서로도 손색이 없는 줄로 믿습니다.

자연과 함께하는 생명 사역

안맹호(목사, 미국 원주민 선교사)

'들꽃 피는 마을'의 촌장, 정봉수 목사님의 별명이다.

세속적인 욕심은 없으면서도, 주님 앞에 솔직하여지려고 애쓰신 모습이 눈에 선하다.

일찍이 신학교를 나와서 미국으로 이주하여 살면서 목회의 기회를 기다리며 손꼽아 기다린 날들이 한 알 한 알 밑거름이 되었으리라.

특히 피닉스에서의 목회생활은 한마디로 '자연과 함께하는 신앙' 이었다.

"들꽃 피는 마을", 목사님은 섬기던 목회를 그렇게 불렀다.

사막의 뜨거운 환경은 '삶을 포기해야 하는' 절박한 상황을 연상케 하지만, 그 속에도 생명이 있다는 것을 보여주려는 '생명 사역'을 말하려는 것으로 느꼈다.

이스라엘의 광야 40년의 단련, 예수님, 세례 요한 그리고 사도들과 교부들은 사막에서 영감을 얻었고 하나님을 체험했다.

들꽃 피는 마을로 사막을 묘사한 정 목사님은 바로 그 속에서 '생명을 보았고' 또 '되살리려' 했다. 그러했기에 정 목사님은 늘 '바르게 살기'에 힘쓰셨다.

척박한 환경 속에서 단련된 그의 영성은 아름다운 마무리로 또 한 장을 넘긴다. 어찌 하나님의 사랑과 예수 그리스도의 손길을 느끼지 않았을까?

목회를 마무리하시면서 그 동안의 묵상글을 모아서 책을 내신다니 진심으로 축하드린다. 정 목사님의 경험과 인내를 통해 우러나온 묵상글을 읽으면서 내 영혼이 순화되는 느낌이다. 죽음의 사막을 견디고 이긴 그의 영감 넘치는 묵상이 많은 영혼들을 소생하게 되기를 기대한다.

세상에는 큰 교회도 많고, 이름 높은 목회자들도 많다. 그럼에도 날이 갈수록 교회가 세상 속에서 신뢰를 잃어버리고 있는 것은 큰 교회가 없어서도 아니고, 이름 있는 목회자가 없어서가 아니다. 신뢰를 주는 목회자가 사라지기 때문이 아닐까?

정봉수 목사님을 볼 때마다 신선함을 느끼는 것은 세속적 영달과는 거리가 먼 소박하면서도 '자연 친화적' 신앙과 삶의 모습 때문이라 생각한다.

남은 생을, 갈수록 척박해져가는 세상 속에서 또 한 송이의 '들꽃'을 피우시기를 기대한다. 동년배 목회자로 함께 호흡했던 지난 몇 년은 행복한 기간이었다.

감사합니다, 정 목사님.
늘 영육간에 건강하신 모습으로 함께 갑시다.

나의 믿음의 형, 스승 정봉수 목사를 기억하며

강성도(하나교회 목사)

　믿음의 선배가 쓰신 글을 평가하거나 토를 달거나 심지어 추천한다는 것조차 무례한 일이다. 정봉수 목사님의 글은 머리나 가슴에서 나온 것이 아니기 때문이다. 그의 글은 그의 삶이다. 말씀대로 살려고 숨이 턱에까지 차도록 살아온 결정체이다.

　그는 말한다. "말씀이 육신이 되어 우리 가운데 오신 분이 당신이시며, 결국은 하늘의 이야기가 이 땅의 이야기가 되고, 이 땅의 이야기가 하늘의 이야기가 되었습니다."(91쪽)

　바로 정봉수 목사 자신의 이야기이다. 말씀을 화육시킨 사람 예수, 그의 말씀과 삶을 이 시대에 화육시킨 사람 정봉수이다. 땅에서 하늘의 눈으로 바라보고, 하늘을 살아낸 사람이다.

　말씀을 화육시키기 위해 살아 온 자신의 삶을 그는 이렇게 되돌아본다, "모두에게 유익한 세상이 되게 한다는 것은, 나의 삶은 숨이 턱까지 차도록 움직여야 가능한 것입니다. 예수의 삶과 그가 걸었던 고난의 길은 고난 속에서 희망을 바라본 길이었기 때문입니다."(156쪽)

　그의 삶은 고난이었고, 결핍의 연속이었다. 수많은 좌절과 난관이 있었지만, 은총에 붙들려 끝없이 이겨 나왔다. 예수가 가신 길이 었기 때문이다.

이제 그가 책을 남기는 이유는 자명하다.

"주님이 나에게 주신 은총을 나눠야 한다는 굶주림이 나에게 있(기 때문이)다."(168쪽) 그는 사람 사랑에 굶주려있다. 아낌없이 퍼주고 나누어주었다. 사모의 몫을 빼앗아서라도 어렵고 힘든 후배 목회자들의 굶주림을 해결해주려고 하였다.

그래서 그는 교인들로부터, 후배들로부터 신뢰를 얻었다. 그의 마지막 목회는 피닉스한인감리교회에서 사막을 들꽃 피는 마을로 변화시켰다. 몇 해 전에 피닉스교회를 소개하면 다음과 같이 증언한 적이 있다. "신뢰는 말씀을 화육하는 그의 삶으로 증명되었기에 주어진 선물이다. 작지만 강한 교회! 드러내놓고 자랑하지 않지만, 서서히 그 향기가 사막을 넘어 퍼져나가는 들꽃 피는 마을 목회가 바로 피닉스감리교회의 모습이다."(283쪽)

참 그랬다. 그리고 이제 깔끔하게 그 교회를 떠나려 한다. 끝마저도 아름답다. 그의 삶을 밝히는 등불이요, 생명이신 말씀에 사로잡혀 있기 때문이다. 우리 모두 그의 말을 가슴에 기억하면 좋겠다. 언젠가 그의 글을 읽는 독자의 삶 속에서도 화육되는 축복이 있을지 모른다. "죽음에 이르게 하는 길이냐 생명에 이르게 하는 길이냐도 예수의 사람으로 내가 어떻게 사느냐에 달려 있습니다. 작은 예수로서의 삶이었으면 합니다."(332쪽)

내 눈에는 정봉수 목사는 작은 예수로 보인다. 그를 만나서 마음과 삶을 나눌 수 있어서 참 행복하다.

바람 같은 묵상을 책으로 묶어낸다는 기쁜 소식에

심재성(잠실벧엘교회 담임목사, 현 잠실지방 감리사)

당신은 바람 같았습니다.

어렵고 힘들어 주저앉을 수밖에 없을 때,
어느새 하늘로 오르는 회오리바람 같았습니다.

누군가 내 곁에 있었으면 싶었을 때,
살며시 스치고 지나가는 세미한 바람 같았습니다.

불의한 일에는 결코 구부러지지 않고
자신을 부러뜨리며 저항하는 맞바람이었습니다.

누군가를 돕는 일, 생명을 살리는 일에는,
막힘과 한계가 없는 광야의 바람이었습니다.

교회만큼 자연을, 예배만큼 노동을, 사람만큼 생명을 사랑한 목
회자였습니다.

오랜 기간 교회력을 따라 묵상하고, 설교해온 설교자요, 영성가였습니다.

갈등의 격랑의 미주연회에 등불이었고, 등대였습니다.

정 목사님의 바람 같은 묵상을 책으로 묶어낸다는 기쁜 소식에,
자랑스럽게 달려왔던 목회 일선에서 은퇴한다는 아쉬운 소식에,
감사와 존경의 온 마음을 담아 인사를 드립니다.

이 책이 많은 감리교 목회자들에게 길이 되고,
새로운 바람을 전해주기를 기대하며
정봉수 목사님! 정경희 사모님! 수고하셨습니다.

정봉수 목사님과의 우정을 회고하며

이명용(시인, 청양 칠갑농원 대표)

내가 '군자감리교회'와 인연을 맺은 것은 친구 정봉수 목사님 때문이었다. '유관순 열사'의 스승이신 '박인덕 여사'가 설립한 인덕학원에서 우리가 만난 것은 하나님의 특별한 은총이었다. 나는 처음에는 친구의 아버지가 목사님이시라는 것도 잘 몰랐다. 스케이트를 잘 탔던 나는 고등학교 1학년 겨울방학 때 군자에 가면 넓은 군자벌에서 마음껏 스케이트를 탈 수 있다는 말에 친구 이일장(현대오토넷 사장 역임)과 함께 스케이트를 딸랑 들고 군자를 향했다.

남인천역에서 수인선 협궤열차를 타고 군자역에 도착한 우리는 광활한 군자염전 위에 하얗게 내린 흰 눈 속을 헤쳐가며 마음껏 스케이트를 타고 저녁때 친구의 집에 도착했다. 도착해서야 친구가 목사님 아들이란 것을 실감했다.

사택 옆에 교회의 마루에 꿇어앉아 교인들이 뜨겁게 예배드리던 모습을 잊을 수가 없다. 유교적 가정에서 자란 나에겐 충격이었다. 더더욱 성탄절 새벽에 울려 퍼지던 새벽송은 매서운 군자벌의 바람과 함께 평생 잊을 수 없는 추억이 되었다. 당시 인덕학교는 전국에서 유일하게 3년 장학금에 기숙사 생활을 할 수 있는 고등학교였다. 박인덕 여사의 따님이신 김혜란 교장 선생님과 매일 올리는 새벽기도회를 할 때면 친구는 언제나 피아노를 치면서 찬송을 인도했다. 친구 이일장은 원래 신실한 교인이었다. 기도할 때의 신실한 모습은 지금까지도 생생하다. 그것이 내가 자연히 기독교에 입문하는 계기가 되었다.

고등학교 2학년 크리스마스날, 친구 아버지 정종국 목사님 집례로 우리 셋은 세례를 받았다. 그 후에 영적인 신앙생활이 시작되었다. 수많은 고난의 연속이었지만 대학의 기독학생회에서 첫사랑 아내를 만나 결혼까지 하게 된 것은 얼마나 큰 은혜인지 모른다. 나는 세상교회에 머물러 있을 때도 군자교회에서 원적을 옮기지 않았다. 그리고 당당히 임했다. 언젠가는 돌아가야 할 본향교회라고 생각기 때문이다.

내가 군자감리교회에서 교사로 봉사한 것은 친구가 해군에 갔을 때 중등부 '밀알회'를 맡으면서 시작되었다. 1973년 당시 나는 대학생이었는데, 서울에서 토요일마다 군자에 간다는 것이 쉽지 않았다. 옛 경인국도를 따라 버스를 타고 소사에 내려, 소사삼거리에서 버스를 갈아타고 '펄벅재단' 고개를 꼬불꼬불 지나 도일을 거쳐 '거모개'에서 내리면 언덕에 종탑이 우뚝 서 있었다. 교회에 도착하면 목사님, 사모님, 정정수 누님, 정현숙 여동생이 반갑게 가족으로서 맞아주었다. 20여 명의 '밀알회' 회원들 중에는 막냇동생 정현수, 나중에 장로가 된 문영배, 송영진 형제가 있었다. 청년 시절에 잠시나마 군자교회에서 보낸 경험은 평생 하나님을 경외하고 나를 바쳐 이웃을 섬기는 빛과 소금의 길이 되었다.

매주 정정수 누님의 반주 아래 성가대에서 찬양을 부르고, 정종국 목사님의 설교를 듣는다는 것은 하나님의 특별한 은총이었다. 군더더기 없이 성경에 근거한 간결하고 명료한 설교는 늘 심금을 울려주곤 하였다. 시골교회에서 마을 주민들과 하나 되어 오로지 주님의 종으로 무릎을 꿇고 항상 기도하시던 목사님, 언제나 많은 성도들의 어머니가 되어 잔잔한 미소로 품어 주시던 사모님, 평생 부모님의 뜻을 따라 교회에서 봉사한 누님, 동생들과 가족이 되어 교회에 머물렀던 시간들은 군자를 제2의 고향으로 여기는 계기가 되었다. 친구와 함께 달밤에 '배우물'까지 걸으며 나누던 대화들, '소래철교'를 건너다 협궤열차를 피해 서 있던 난간, 교회 언덕 위의 원두막에서 바라보던 군자벌이 차마 어찌 잊힐리가 있겠는가!

　정종국 목사님의 소천은 가늘게 이어지던 신앙생활에 기름을 붓는 계기가 되었다. 다시 본향의 군자감리교회에 돌아가 섬긴 5년간의 청년부 교사를 맡은 것은 하나님의 크신 부르심이었다. 아내와 함께 열심으로 군자교회에 다니며 기도를 올리고 신앙생활에 담금질을 하였다. 더욱이 맡겨진 청년부를 위해 최선을 다했다. 친구가 군자교회를 위해 헌신했던 것을 떠올리며 누(累)가 되지 않기 위해 열심히 섬겼다. 고향으로 돌아와 8년이 지난 지금도 청년부원들이 찾아오고 전화를 하면서 소식을 전할 때는 가슴이 뿌듯하다. 시인으로 3명이 등단을 하였고, 2명의 목사님이 탄생하여 당당하게 하나님의 목자가 된 제자들의 모습을 볼 때, 군자교회에서 정종국 목사님에게 세례를 받은 제자로서 부끄럽지 않게 살았다고 조금은 자부심을 갖게 되었다.

언젠가는 다시 본향 군자감리교회로 돌아가리라.

원적을 놓고 왔으니 살아계신 하나님과 하나님의 진실한 종 정종국 목사님과 내 친구 정봉수 목사님을 만나러 가리라. '거모개' 종탑 위에 세워진 그리스도의 십자가를 섬기려 돌아가리라. 평생을 친구를 위해 희생하신 정경희 사모님에게 감사드립니다. 건강하십시오. 하나님의 축복이 댁내에 가득하시길 기도드립니다.

실천적 예수 따르는 삶을 사신 정봉수 목사

임희석(고려대학교 컴퓨터학과 교수)

우리의 믿음은 성경을 읽고 잠깐 은혜를 받는 것만으로는 제대로 성장하기 어렵다. 성경을 읽고 깊게 묵상함으로써 오늘 나에게 주시는 레마의 말씀을 발견하고, 비록 순종하기 어려운 말씀일지라도 그 레마의 말씀을 내 삶에 적용하며 말씀대로 살아갈 때 성장할 수 있다.

이 책은 저자가 어떻게 하나님과 동행을 했고 어떻게 은혜의 삶과 목회를 했는지 이야기해주고 있다. 오전이면 어김없이 성경책과 커피, 그리고 필기구를 가지고 커뮤니티 센터에 오셔서 묵상글을 쓰시던 정 목사님의 모습이 눈에 선하다.

매일 말씀 묵상과 기도를 통해서 메마른 광야와 같은 이민자 목회 현장에서 하나님 말씀대로 삶을 살아내신 정 목사님이야말로 실천적 예수 따르는 삶을 사신 분이다. 지금도 여러 모양의 각자의 광야와 같은 곳에서 삶을 살아가는 사람들이 많다. 그 메마른 광야에서 하나님과의 관계를 잃어버리지 않고 하나님과 동행하는 삶을 원하는 독자들에게 이 책을 꼭 권하고 싶다.

　또한, 삶과 신앙이 통합되어 내 삶이 신앙이고 신앙이 내 삶이 되어 예수님을 따르는 실천적 삶을 살기 바라는 독자들에게도 이 책을 추천한다.

짙고 통찰력 있는 묵상글

이종길(한국공학대학교 기계공 교수)

광야는 하나님 없이는 아무것도 할 수 없는 곳입니다.

평생을 광야에서 말씀 붙들고 살아오신 정봉수 목사님의 짙고 통찰력 있는 묵상글을 이제 SNS가 아닌 책으로 다시 만나니 너무 반갑습니다.

목사님의 묵상글은 제게 용기 내어 그리스도인다운 삶을 결단하게 하는 큰 자양분이었기에, 제 깊은 진심을 담아 이 책을 추천 드립니다.

정봉수 목사님은 아버지 목사님을 꼭 닮은 분

문영배(장로, 기독교대한감리회 사회평신도국 총무)

정봉수 목사님을 소개하기 전 나는 그분의 선친이신 故 정종국 목사님을 소개하려고 한다. 지금부터 65년 전 정종국 목사님은 내가 다니고 있는 군자교회에 부임하셨는데 이후 평생 교회를 위해 헌신하셨다. 넉넉하지 않은 형편이었는데도 어려운 분들이 찾아오면 뭐라도 내어주시는 모습을 보았고, 엄격하시면서도 늘 속은 따뜻하고 자상하신 분으로 기억하고 있다. 우리 집에 심방을 오셔서 출애굽의 모세의 일생을 이야기해주시며 모세는 인생 후반부 40년을 주님의 사역에 쓰임 받았음을 강조하셨고, 문영배 학생은 대기만성할 사람이라며 격려해주시던 모습이 지금도 생생하다. 결국 그 말씀대로 나는 인생의 후반에 감리회의 중요 직책을 감당하게 되었다.

나는 어려서부터 목회자의 꿈을 꾸었다 우리 교회는 많은 훌륭한 분들이 오셔서 부흥회를 인도하셨다. 오경린 감독님, 이춘직 감독님, 김봉록 감독님, 장광영 감독님, 천영주 목사님 등 내로라하는 분들이 새해 신년부흥회에 오셨다. 그래서인가 나도 멋진 부흥사가 되고 싶었던 꿈이 있었다. 교회에서는 중등부 회장, 고등부 회장, 청년부 회장을 하였지만, 목회자의 길을 선뜻 서원하지 못했다. 아마도 시골에서 고생하시는 목사님을 보았기 때문이다. 한때 후회한 적도 있었지만, 그런대로 일찍이 장로가 되어 여기까지 오게 되었다.

정종국 목사님은 목회자의 롤모델인 동시에 나의 영원한 스승이다. 어렵고 힘든 시절을 사셨지만, 많은 이들에게 예수님의 선한 영향력을 몸으로 실천하신 분이기 때문이다. 당시 우리 군자교회 장로님이 마을의 이장님으로 계셨기에 교회와 마을은 한 공동체를 형성하고 있었고 마을회관도 교회 안에 지어져 있었기에 교회마당은 마을 청년 학생들의 놀이터였다. 동네 결혼식이 있을 때마다 교인이든 아니든 주례는 모두 목사님께서 하셨고 임종이 있으면 시신의 염습은 물론 장례까지도 직접 인도하셨다. 청년인 우리에게도 늘 잔칫집은 안 가도 되지만 장례 집은 꼭 가야 한다고 말씀하신 기억이 있다. 실로 평생 이웃사랑을 몸소 실천하신 모범적인 분이셨다.

1985년 큰아들이신 정춘수 목사님(1995년 작고)이 계신 미국으로 가셨지만, 늘 한국을 그리워하셨고 연천 장단을 바라보시던 모습도 기억이 난다. 미국에서 사모님이 돌아가신 후 목사님은 한국에서 여생을 마치셨고 교회장으로 장례를 모셨다. 지역의 많은 분이 오셔서 고인을 애도하던 일이 엊그제 같은데 벌써 15년이 흘렀다. 천국에서 만나 뵙기를 고대해 본다.

정봉수 목사님은 아버지 목사님을 꼭 닮은 분이다. 학생, 청년 시절 선배로서 많은 가르침을 주고 영향을 미쳤을 뿐만 아니라 가난한 시골교회에서 젊음을 바치신 아버지처럼 사신 분이다. 교회 일도 어렵고 힘들지만, 이웃을 돌보는 일은 선교사의 사명을 가지지 않고서는 불가능하다. 정봉수 목사님은 미국으로 파송되어 선교사의 일을 감당하셨다. 은퇴하기까지 미주연회가 교단적으로 힘든 과정에 놓여 있었지만 마침 고향인 고국에서 은퇴하시게 되었다. 하나님의 은혜라고 할 수 있다. 자세한 이야기는 지면에 실을 수가 없지만 내가 전국장로회 장정 개정 연구위원장으로 미주연회 입법을 들여다보고 현장 발의를 통해 미주연회를 정상화하기 위해 노력한 것도 정봉수 목사님을 알기 때문이었다.

『광야에서의 성경묵상』은 정봉수 목사님이 평생을 몸으로 체험하고 주님을 만난 자서전이기에 읽으면서 왠지 가슴이 뭉클하다. 삶으로 쓰신 묵상집이기 때문이다. 정 목사님을 모르면 단순한 감동으로 읽히겠지만 그가 지나온 삶을 조금은 알기에 한 구절 한 구절이 더욱 마음에 와닿는다. 이민자로서의 힘든 일상을 딛고 일어서서 매일 말씀을 묵상하고 새롭게 해석하고 글로써 마음을 굳건히 한, 주님만을 의지하며 걸어온 삶의 이력이 보이기 때문이다. 목사님의 바람대로 교회력에 따른 묵상이 담긴 이 책을 통하여 작지만 강한 울림이 독자들에게 전달되기를 바라며 예수님의 제자로 사신 정봉수 목사님의 앞날에 축복이 가득하기를 소망한다.

충성된 목회자가 평생을 통해 경험한 예수의 사랑

김현욱(성악가)

외로운 유학 시절, 낯설고 물선 이국땅에서 목사님을 만나 동고 동락하며 목사님의 삶을 보고 배웠습니다.

말이 아닌 행함으로 예수를 드러내는 것. 이것이 제가 배운 유일한 것이며 최고의 것입니다.

오랫동안 제가 받아왔던 목사님의 묵상글이 책으로 엮어진다고 하니, 이 묵상집을 통해 드러날 예수님의 영광이 기대가 됩니다.

많은 분들이 한 진실하고 충성된 목회자가 평생을 통해 경험한 예수의 사랑을 이 책을 통해 경험하시길 바랍니다.

이 글을 빌어 목사님께 깊은 감사와 존경을 표합니다.

언어와 문화가 다른 이민의 땅에서 삶의 뿌리를 내린다는 것은 메마른 광야에 뿌리를 내리는 사와로 선인장과 다름이 없다는 생각을 했다. 아무리 좋은 주변 환경이라도 이민자들에게는 척박한 땅일 수밖에 없다. 나 자신 이 목회자 이전에 이민자로 살아가야 했기에 몸과 영혼이 늘 메말랐다. 내가 가야 하는 길의 방향을 잃지 않고 쉼 없이 달려올 수 있었던 것은 묵상 가운데 함께 하신 주님께서 손을 잡아 일으켜 세워주셨기 때문이다.

나는 말쟁이도 그렇다고 글쟁이도 아니다. 글이라고는 어려서부터 써온 일기 외에는 없었다. 그것도 미국에 이민 온 후 집에 불이 났다. 책과 노트가 한 권도 남지 않고 다 타버린 후에는 일기조차 쓰지 않았다. 목회를 시작하면서부터 달라졌다. 늘 설교 준비를 해야 했기 때문이다. 특히 개척교회의 목회를 시작하면서 지역 사회에 교회를 알려야 했다. 주보를 8면으로 제작하며 목회 단상을 쓰기 시작했다. 글쓰기는 목회의 필수적인 과정이었다. 그때부터 용기를 내서 교회력을 따라 성경을 읽으며 설교 준비를 했다. 그와 함께 [West Minster John Knox 출판사]에서 발행되는 "A Year with the Bible"의 성서 본문으로 묵상글을 쓰기 시작했다. 3년에 한 번씩 사이클(Cycle)이 돌아가고 있었다. 그리고 26여 년이 지난 이제는 나름 글쓰기 훈련이 된 듯하다. 처음에는 두 주에 한 번씩 작은 책자로 묶어 발행했다. 인터넷과 카카오톡이 발달되면서 종이 책자를 만들지 않았다.

3년에 한 번씩 같은 말씀을 묵상하였으니 예닐곱 번은 같은 성경 본문으로 묵상한 셈이다. 그런데 신기하게도 한 차례도 똑같은 내용의 글을 쓰지 않았다. 그 이유는 성경은 언제, 어디에서, 어떤 상황에서 묵상하느냐에 따라 글이 달라지기 때문이다. 왜냐하면 하나님의 말씀은 살아있고, 살아있는 사람의 말의 모습과 형태는 다르기 마련이다. 하나님의 말씀이 구전으로 전해졌을 때와 그 말씀을 글로 남길 때와는 천양지차이다. 말씀을 읽는 자들의 상황과 처지가 다르기에 말씀의 해석도 차이가 날 것이다.

이미 소개된 묵상책들은 1월 1일부터 365일 묵상한 것을 책으로 펴냈다. 그러나 이 책은 교회력을 따라 대강절기를 시작으로 성령강림절기로 마무리가 된다. 대강절기와 사순절기 외에는 책 부피를 고려해 365일 매일 묵상글을 이 책에 담지 않았다. 대신 교회 목회를 마무리하면서 펴낸 묵상글이기에 절기 묵상과 함께 여섯 절기 사이에 삶을 뒤돌아보는 나의 어린 시절 신앙생활, 신앙 모델이었던 아버지 정종국 목사님과 어머니 강영숙 사모님, 늘 더불어 살아가기를 꿈꾸며 살아온 삶과 미국 이민 현장에서의 나의 목회, 그리고 마지막 교회 목회 현장인 들꽃 피는 마을에서의 생명살림공동체를 이루며 목회를 마무리하는 글을 끼워 넣기로

했다. 앞에 언급했듯이 말쟁이도 글쟁이도 아닌 한 평범한 농사꾼 같은 마음으로 소노라 사막 광야를 일구며 산 목회자의 삶을 나누고자 함이다. 묵상글은 누구나 쓸 수 있어야 한다. 그래야 늘 자신을 살피며 실천적 예수 따르는 삶을 사는 기폭제가 될 수 있다. 그래서 책 마무리에 내가 어떻게 묵상글을 써왔는지 그 과정을 함께 나누려고 했다.

매일은 아니지만 말씀을 묵상하고 글을 쓸 때는 마음이 감격으로 벅차올랐고, 눈물과 감사와 기도와 찬양으로 내 영혼을 채우곤 했다. 그 과정을 [내면을 향한 여정]이라 했다. 말씀을 묵상한다는 것은 단순히 성경 지식을 머리에 쌓는 것이 아니라, 그 말씀으로 내면을 살피는 일이다. 자신을 제대로 살피지 않고는 말씀을 삶으로 옮길 수 없고, 삶의 변화를 기대할 수 없기 때문이다. 오래전부터 교우, 가족, 지인들과 콜로라도 덴버의 [빛과 소금] 신문 독자들과 함께 말씀 묵상글을 나눠왔었다. 하지만 나 자신의 부족함을 느껴왔기에 감히 글을 묶어 책을 내고자 하는 마음을 갖지 못했다.

그러던 중 아내가 2022년 8월 한국방문 중 인천 세종병원 응급실로 들어가 검사를 받게 되었고, 전신경화증(Systemic Sclerosis)에 의한 양쪽 폐가 이미 35%가 굳어 호흡하기가 어려워지고, 식도 양쪽에 경화가 일어 음식을 제대로 먹을 수 없음을 발견했다.

그간 레이노 증후군(Raynaud Phenomenon)으로 인하여 손가락 끝의 피부가 거칠어지고 갈라지는 궤양이 생기기 시작했다. 그래서 그해 9월에 급하게 서둘러 한국으로 출국했고 병원에서 치료를 받던 중 오랫동안 말씀을 나누고 있던 친구들을 만나게 되었다. 영문학 교수로 은퇴 후 청양 고향 마을에서 구기자 농원을 하는 이명용 교수를 만나러 갔다. 그때 함께 동행자가 이일장 사장과 이채윤 작가다. 그들은 마치 자신의 일처럼 그동안 내가 써 온 묵상글을 책으로 내자고 권했다.

물심양면으로 도움을 준 그들이 아니었으면 감히 책을 낼 엄두를 내지 못했으리라. 특히 전문작가로서 책이 책이 되도록 도움을 아끼지 않은 이채윤 작가에게 고마운 마음을 전한다.

오랜 세월 목회자로 한 형제처럼 의지하고 존경하며 목회를 해 온 잠실지방 심재성 감리사께 감사를 전한다.

그는 수년간 콜로라도 북쪽과 남쪽에서 함께 목회한 동료 목회자이다. 오래전부터 은퇴하기 전에 책을 내자고 독려를 해왔다. 한국 방문 당시에도 그는 나에게 많은 조언을 해 주었다. 책을 내기 전 고민했던 점은 한국에서는 교회력에 의하여 말씀을 선포하는 목회자들이 많지 않았기에 평신도들이 교회력을 잘 알지 못했다. 물론 지금이야 많이 달라졌지만 말이다. 때문에 교회력을 통한 묵상글이 얼마나 독자들에게 다가갈 수 있을까 하는 우려가 들었다. 한국 그리스도인들에게 교회력의 중요성과 더불어 신앙적인 도움이 되었으면 하는 바람이 크다.

나는 이 책을 제일 먼저 아내 정경희 사모에게 전하고 싶다. 그녀는 말없이 낮은 자리에서 온몸으로 섬기며 살아왔다. 나의 동행자였고, 그의 삶은 오로지 헌신적이었다. 그가 아니었으면 나의 목회는 상상할 수 없으리라. 목회 은퇴를 앞에 두고 아내는 질병으로 고생하고 있다. 이제는 자유럽게 살아보자고 약속했는데 말이다. 하나님께서 아내의 건강을 회복시켜 주실 것을 믿고 치료에 온 힘을 기울이고 있다. 덕분에 하루에 1마일 이상 걸으며 잘 버티고 있다.

한글을 제대로 이해하지 못하면서도 꾸준히 말씀 묵상글을 읽고 말씀을 따라 살고자 했던 아들 정병호, 딸 정한빛 가족들과 목회자의 길을 가도록 뒤에서 기도해 주신 부모님과 형제자매들에게도 감사한다.

매일 아침 말씀을 사모하며 온라인으로 함께 하신 피닉스감리교회 교우들과 내면을 향한 여정을 함께 해온 믿음의 형제자매들에게 감사한다.

과분한 추천서를 써 주신 김영헌 감독님, 정희수 감독님, 최종수 목사님, 안맹호 목사님, 강성도 목사님, 심재성 목사님, 이명용 교수님, 임희석 교수님, 이종길 교수님, 문영배 장로님, 성악가 김현욱 선생님께 감사를 드린다.

작가교실의 이채윤 대표와 제작진들에게 심심한 감사를 전한
다. 특히 말씀 묵상글과 사진을 부지런히 퍼 날라 말씀을 민들레
홀씨처럼 흩뿌려 주었던 여동생 정현숙 권사와 며느리 정은혜 집
사에게 다시 한번 감사를 전한다.

마지막으로 이 책의 독자들에게 한 작은 이민 교회 목사의 광야
낮은 자리에서 읊조리며 매일 묵상했던 성서 말씀이 아주 작은 울
림이라도 있었으면 하는 바람이다.

2023년 3월
피닉스 〈들꽃 피는 마을〉에서
정봉수

차례

Chapter 1 대강절 묵상

■ 정봉수 목사 일대기 1
  -나의 어린 시절 신앙생활

Chapter 2 성탄절 묵상

■ 정봉수 목사 일대기 2

　–나의 아버지 정종국 목사님

Chapter 3 주현절 묵상

■ 정봉수 목사 일대기 3

ㅡ늘 더불어 살아가기를 꿈꾸며

Chapter 4 사순절 묵상

■ 정봉수 목사 일대기 4
 -미국에서의 나의 목회

Chapter 5 부활절 묵상

■ 정봉수 목사 일대기 5
　　─들꽃 피는 마을에서 생명살림공동체를 이루며

Chapter 6 성령강림절 묵상

■ 정봉수 목사 일대기 6
  −목회를 마무리하며

Chapter 1
대강절 묵상

▲주님오심을 기다리는 대강절에 안개 낀 그랜드 캐니언에서

대강절(Season of Advent) 절기는 네 번의 주일을 가지며, 매 주일 소망(Hope), 사랑(Love), 기쁨(Joy), 평화(Peace)를 알리는 촛불을 하나씩 밝히며 성탄을 맞이하게 됩니다. 이 기간 동안 우리는 이미 2천 년 전에 이 땅에 오신 예수 그리스도의 성탄을 회상하면서 우리의 마음과 삶의 자리에 주님께서 새롭게 임재해 주시기를 기다리게 됩니다. 그와 함께 종말의 때에 영광의 주님으로 다시 오실 것을 기다리는 계절이 대강절입니다.

네가 무엇을 보느냐?

예레미야 Jeremiah 24:1-7

내가 여호와인 줄 아는 마음을 그들에게 주어서 그들이 전심으로 내게

돌아오게 하리니

그들은 내 백성이 되겠고 나는 그들의 하나님이 되리라(7)

I will give them a heart to know me, that I am the LORD.

They will be my people, and I will be their God,

for they will return to me with all their heart.

....

　유다는 B.C 605년과 B.C 597년 바벨론의 침공을 받게 되어 여고냐 왕을 비롯하여 고관들과 목공, 철공들이 바벨론으로 끌려갑니다. 그때 하나님께서 예레미야 선지자에게 나타나셔서 이렇게 묻습니다.

　"예레미야야, 네가 무엇을 보느냐?"

　그가 보았던 것은 좋은 무화과가 담긴 한 광주리와 먹을 수 없을 정도로 나쁜 무화과 광주리였습니다.

　그것은 포로로 끌려간 사람들과 남은 자들을 상징하는데, 우리의 생각과는 전혀 다르게 포로로 끌려간 사람들이 좋은 무화과가 담긴 광주리이고 남은 자들이 먹지 못할 나쁜 무화과 열매 광주리였던 것입니다.

바벨론 강가에 앉아 하나님을 찬양하지도 못하고 수금을 버드나무 가지에 걸어 놓고 고국을 기억하며 한없이 울기만 했던 것이 그들의 생활이었습니다.(시 137:1-2)

그런데 하나님께서 고난의 현장에 그들과 함께 계셨고, 그들로 하여금 진심으로 하나님께 돌아오게 했습니다. 그들은 구전으로 내려오던 하나님의 말씀을 글로 기록하기 시작했고, 회당을 세워 예루살렘 성전이 아닌 그곳에서 진심을 담아 하나님께 예배를 드리기 시작합니다.

지금의 상황이 포로 생활 같더라도 우리가 해야 할 것은, 진정으로 하나님께 돌아와 그의 백성이 되는 일입니다.

하나님이 나의(우리) 하나님이 되시게 하는 일입니다.

회개한 자, 돌아온 자의 하나님, 대강절에 오시는 주님을 기다린다는 것은 진심으로 주께 돌아오는 것입니다. "네가 무엇을 보느냐?"는 물음은 곧 나에게 하시는 물음입니다.

Shalom!

예수께서 제자들에게 "사람들이 나를 누구라 하느냐?"라고 의미심장한 질문을 하셨을 때, 제자들은 '예레미야 선지자'와 같다고 말했습니다.

예레미야 선지자는 누구인가요? 그가 활동할 때는 국제 정세가 급변하고 있었습니다. 예레미야는 유다가 70년 동안 포로가 될 것을 예언했습니다. "이 땅이 황폐하여 놀람이 될 것이며 이 나라들은 70년 동안 바벨론 왕을 섬기리라.(예레미야 25:11)"

예레미야는 70년 동안 바벨론 포로로 끌려가 그곳에서 노예로 살아야 한다는 하나님의 뜻을 전해야 하는 힘든 사역을 감당해야만 했습니다. 그래서 예레미야는 눈물의 선지자였습니다. 예레미야가 눈물로 호소한 70년이 어떠한 의미를 갖는 걸까요? 그는 70년의 큰 그림을 보여줍니다.

예레미야의 70년은 그저 징계의 시간이 아니라, 교육과 안식을 위한 시간이었어요. 이스라엘 민족은 노예의 시간 동안 성경을 다듬고 하나님의 세계경영을 알 수 있는 하나님의 오묘하신 섭리를 실천해냈습니다. 바벨론 포로 70년은 이스라엘 민족의 수치와 굴욕의 상징이 아니라, 당신의 백성을 끝내 교육하고 정화시키시려는 하나님의 눈물의 시간이었습니다. 그래서 사람들은 예수님을 예레미야 같다고 말했습니다.

주의 판단력을 우리에게 주소서

시편 Psalms 72:1-7, 18-19
하나님이여 주의 판단력을 왕에게 주시고
주의 공의를 왕의 아들에게 주소서(1).
Endow the king with your justice, O God,
the royal son with your righteousness.
....

왕(통치자)의 통치는 백성의 평강으로 이어져야 하는데, 통치자
자신이 의롭고 신실한 삶을 살아야 가능하다는 것입니다.

왕의 통치가 하나님의 뜻을 잘 분별하고 의로운 통치를 실현해
야 하는데, 절대적으로 필요한 것은 하나님의 판단력입니다.

가난하기 때문에 억압받고 고통당하는 백성들을 함부로 대하고
무시해서는 안됩니다. 사회적 약자인 가난한 사람들이 억울한 일
당하지 않도록 그들의 권리를 찾아 주는 것이 하나님의 뜻입니다.

하나님을 대신하여 통치 행위를 하는 것이고, 백성은 하나님의
백성들이기 때문입니다.

예수께서 이 세상에 오셔서 스스로 가난하게 되신 것은, 가난한
자들을 부요케 하시기 위함이었고(고후 8:9), 사망의 음침한 골짜

기에서 생명의 자리로 옮겨 주시기 위함이며(마 4:23), 가난한 자를 복이 있다하신 것은(눅 6:20), 그들을 일으켜 세워 사람답게 살게 하시기 위함이었습니다.

샬롬(평안)은 사람만이 아니라 자연까지도 샬롬이어야 하는 것은, 자연 생태계가 평안하지 못하면 인간의 평안도 없기 때문입니다.

통치자, 혹은 지도자라 불리는 이들이여!
해가 있는 동안, 그 자리에 앉아있는 동안 하나님을 두려워하고 백성을 두렵고 떨림으로 존귀하게 여겨야 합니다.
그들이 평강을 누리게 하는 것이 그대들이 해야 할 일입니다.

Shalom!

"가난한 자는 복이 있나니 하나님 나라가 너희 것임이요."(눅6:20)

틀림없이 이 말씀은 영적인 가난이 아니라 실제로 돈이 없는 빈자(貧者)들을 가리키는 것을 알 수 있습니다. 예수께서 하신 말씀은 마치 가난이 복이라고 하시는 것 같습니다. 가난한 자가 천국을 소유할 수 있다고 말씀하는 것 같습니다. 예수께서 이 세상에 오셔서 스스로 가난하게 되신 것은 이 때문입니다. 여기에 당신에게 주어진 영적 지혜의 영광스러운 창고가 있습니다.

소망을 하나님께 두십시오

로마서 Romans 15: 4-13
소망의 하나님이 모든 기쁨과 평강을 믿음 안에서 너희에게 충만하게 하
사 성령의 능력으로 소망이 넘치게 하시기를 원하노라(13).
May the God of hope fill you with all joy and peace as you trust
in him, so that you may overflow with hope by the power of
the Holy Spirit.
....

바울은 로마교회 성도들 안에 절망이 아니라 소망이 충만하기
를 바랍니다.
오늘 날도 마찬가지로 복음을 전하는 자로서 성도 여러분이 소
망 가운데 기쁘게 살아가길 바라게 됩니다.

그렇다면 그 소망을 누구에게 두어야 하겠습니까?
바울이 말하는 기쁨은 세상이 줄 수도 없고 알지도 못하는 기쁨
이라 합니다(요 14:27).

'카라⟨χαρά⟩'는 예수 그리스도를 믿는 사람들에게 임하는 기
쁨입니다(요 15:11).
'에이레네⟨εἰρήνη⟩' 역시 하늘에서 오는 평화요, 예수 그리스

도를 믿는 이들에게 주시는 평화인 것입니다(요 14:17).

그러므로 소망, 기쁨, 평강도 믿음 안에서 우리의 마음속에 하나님께서 충만하게 해 주시기를 기원하는 것입니다. 왜냐하면 성령을 통해서만 우리 삶에 채움을 받을 수 있기 때문입니다.

영적 충만함은 그냥 주어지는 것이 아니라, 성령의 능력 안에서 가능해집니다.

여러분에게 믿음 안에서 삶의 기쁨이 있습니까? 무엇을 많이 지니고 높은 위치에 있으면 기쁨과 평안이 있겠습니까?

믿음은 움직이는 것입니다. 아주 작은 믿음이라도 살아 움직여야 기쁨도 평강도 충만해질 수 있습니다.

대강절에 소망을 하나님께 두십시오.

주께서 함께 하시기 때문에

빌립보서 Philippians 4:4-7

주 안에서 항상 기뻐하라 내가 다시 말하노니 기뻐하라

너희 관용을 모든 사람에게 알게 하라 주께서 가까우시니라(4-5).

Rejoice in the Lord always. I will say it again: Rejoice!

Let your gentleness be evident to all. The Lord is near.

....

성직자로 살아오면서 기쁘고 감사한 일도 많았지만, 힘들고 지치게 했던 것은, 말씀을 준비하여 전하는 것도 아니고 가난한 교회의 목회자로 여유 없는 삶을 산 것도 아닙니다. 바로 인간관계로 인한 스트레스였습니다.

무슨 일이 발생했을 때 그것이 나로 인한 것인가 자책했으나 전혀 그렇지 않음에도 동역자들에게 혹은 교우들로부터 받는 마음 상함과 어려움은 목회자의 길을 떠날까 하는 번뇌에 빠진 게 한두 번이 아닙니다.

성서의 말씀대로 항상 기쁘고 감사하게 살아야 한다는 생각은 마음속 좌우명 같은 것이긴 했으나 가쁨보다 힘듦이 더 컸음이 사실입니다.

그럼에도 불구하고 그 기쁨을 유지하고 있었던 것은 주께 모든

소망을 두고 주께서 베풀어 주실 영광을 바라보면서 주님을 전적으로 의지하며 살아왔기에 가능했습니다

주에 대한 믿음이 없었다면 이 힘들고 어려운 현실 속에서 어떻게 기쁨을 유지할 수 있었겠습니까?

분노하며 좌절을 겪다가도 내가 기쁨을 유지하는 것이 우리를 향하신 하나님의 뜻임을 다시 깨달았습니다.

바울처럼 빌립보 감옥에 갇힌 상태에서도 주께서 주시는 기쁨을 가슴에 품었기에 성도들에게 권면할 수 있었듯이 내 마음의 기쁨이 마음을 여유롭게 하고 다른 사람에게 너그러운 마음, 즉 관용을 베풀 수 있게 합니다.

남의 잘못에 대해 너그러운 마음으로 용서를 하고 남을 가슴에 품으려 애쓰는 것은 주께서 함께 하시기 때문입니다.

Shalom!

평정은 흔들리지 않고 확고한 판단력에 도달한 사람이 아니면 잡을 수 없습니다. 나머지는 결정에서 끊임없이 넘어지고 일어나며 사물을 번갈아 거부하고 받아들이는 상태에서 흔들립니다.

나는 끊임없는 묵상과 기도를 통해 주께 대한 확고한 믿음을 얻었습니다. 비전의 명확성은 우리가 이러한 믿음을 갖도록 합니다. 그렇다고 해서 우리가 항상 모든 것을 100% 확신할 수 있거나 그래야만 한다는 말은 아닙니다. 오히려 그것은 우리가 일반적으로 올바른 방향으로 가고 있다는 확신을 가질 수 있다는 것입니다.

즉, 끊임없이 다른 사람과 자신을 비교하거나 새로운 정보에 따라 3초마다 마음을 바꿀 필요가 없다는 것입니다. 대신에 우리의 길을 확인하고 그것을 고수하는 것에서 평온과 평화를 찾을 수 있습니다.

마음 설레이는 만남

스바냐 Zephaniah 3:14:14-20

너의 하나님 여호와가 너의 가운데에 계시니 그는 구원을 베푸실 전능자
이시라.

그가 너로 말미암아 기쁨을 이기지 못하시며 너를 잠잠히 사랑하시며 너
로 말미암아 즐거이 부르며 기뻐하시리라 하리라(17).

The LORD your God is with you,

he is mighty to save. He will take great delight in you,

he will quiet you with his love, he will rejoice over you with

singing."

....

다 그런 것은 아니지만, 그리움 가운데 만남은 언제나 설레임과
행복한 마음을 줍니다.

만남 자체가 반갑고 기쁩니다. 함께 먹고 마시며 오랜 시간을
보내도 전혀 지루하지 않습니다. 사랑하는 연인처럼 밤새워 이야
기를 나눠도 어색하거나 메마르지 않습니다.

샘이 흘러나오듯, 나눌 것이 점점 많아집니다. 그렇게 만나고
헤어져도 아쉬움이 남고 또 만나고 싶어집니다.

생각만 해도 마음이 평안해지고 웃음꽃이 얼굴에 활짝 피게 됩
니다.

스바냐 선지자는 악인을 심판하시는 '주님의 날'을 선포하지만, 신실하게 살아가는 당신의 백성들에게는 사랑과 자비와 긍휼로 만나주시는 하나님을 소개하고 있습니다.

우리(나)와 함께 계심을 기뻐하시고 우리가 처한 악한 처지에서 구원을 베푸시는 하나님, 너무나도 나약하고 부족한 인간이지만, 당신의 품에 안아 주시고 나를 사랑하셔서 기쁨을 이기지 못해하시는 주님을 진심으로 만나는 대강절이 되었으면 좋겠습니다.

좀 더 신실한 마음으로 주님을 기다리며 마음 설레이는 아침입니다.

Shalom!

어떤 사람들은 '껴안는 사람'으로 태어납니다. 그들은 가족이나 전혀 모르는 사람을 같은 방식으로 포옹으로 맞이합니다. 그들은 스스로를 도울 수 없습니다. 그들은 주변 사람들에게 아낌없는 사랑을 베풀고 애정을 보여줍니다. 그런 사람들을 만날 때 우리는 설레이고 기쁨을 느낍니다. 우리 대부분은 관계가 가까울수록 포옹이 더 의미 있다는 데 동의할 것입니다. 우주의 하느님이신 하늘에 계신 우리 아버지의 포옹을 상상할 수 있습니까?

하나님은 예수님을 이 땅에 보내실 때 우리에게 그의 사랑을 아낌없이 주셨습니다. 우리를 대신한 예수님의 희생적인 죽음은 믿음으로 하나님의 가족으로 입양되는 길을 닦았습니다. 예수님의 선물을 받으면 우리는 하나님의 자녀가 됩니다. 우리는 더 이상 낯선 사람이 아닙니다. 우리는 더 이상 거룩하신 하나님으로부터 소외되지 않습니다. 우리는 가족이 되었습니다!

복된 사람

누가복음 Luke 1:46-55

긍휼하심이 두려워하는 자에게 대대로 이르는도다(50).

His mercy extends to those who fear him, from generation to generation.

....

"내 영혼이 주를 찬양하며 내 마음이 하나님 내 구주를 기뻐하였음은 그의 여종의 비천함을 돌보셨음이라. 보라 이제 후로는 만세에 나를 복이 있다 일컬으리로다"(46-48).

성모 마리아의 찬가 앞 구절입니다. 그가 마음의 기쁨을 품고 하나님을 찬양하였던 것은, 하나님께서 비천하게 살아가고 있던 자신을 돌보아 주셨기 때문이기에 '이제부터 온 백성들이 나를 복되다 할 것'이라 합니다.

내가 복된 사람이다 할 수 있는 것은, 보잘것없이 비천하게 살아가고 있었지만, 나를 돌보시고 일으켜 세워 다시 힘차게 살아갈 수 있게 하셨기 때문입니다.

내가 하는 일이 나를 드러내기 위함이 아니었는지, 나의 유익만을 구하고 있었던 것은 아닌지, 심지어 신앙적인 종교 활동까지도 내 유익을 위해서라면 그 마음에 기쁨이 있을 수 있겠는지요?

기억해야 할 것은 우리는 하나님의 것이고 우리(나)의 생명도 주께 있다면 우리가 하는 모든 일조차도 나의 일이 아니라 하나님의 일이기 때문에 두려운 마음으로 맡겨 주신 사명을 감당해야 하는 것입니다.

하나님께서 교만한 자들을 흩으시고, 권세 있는 자들을 그 자리에서 내치시며 부요한 자들을 빈손으로 보내시고 보잘것없는 자들을 높이신다는 것은(50-53), 하나님의 긍휼의 손길이 하나님을 두려워하며 성실하게 살아가는 사람들과 함께 하셔서 복되게 하시기 때문입니다.

주님께서 약속하신 긍휼과 자비를 기억하며 힘겹지만 겸손한 마음으로 복되다 일컬음을 받는 삶을 살아가 보십시다.

슬픔과 탄식이 사라지는 길

이사야 Isaiah 35:1-10

여호와의 속량함을 받은 자들이 돌아오되

노래하며 시온에 이르러 그들의 머리 위에 영영한 희락을 띠고

기쁨과 즐거움을 얻으리니 슬픔과 탄식이 사라지리로다(10).

And the ransomed of the LORD will return.

They will enter Zion with singing; everlasting joy will crown

their heads.

Gladness and joy will overtake them, and sorrow and sighing

will flee away.

....

연약한 것들이 치유되어 회복되는 기쁨(5), 거룩한 삶을 살아보려 애쓰는 이들이 복을 누리게 될 것이고(8), 하나님의 백성을 해치는 자는 존재치 못할 것이며(9), 영원한 희락과 기쁨과 즐거움을 얻고 슬픔과 탄식이 사라지는 미래를 바라보는 것이(10), 얼마나 좋은지 가슴을 뛰게 합니다.

그러나 우리가 살고 있는 현실에서 이것은 꿈일지 모릅니다. 너무 아프고 쓰라린 일들이 그치지 않고 몰려오기에 슬픔과 탄식이 그치지 않습니다.

사악한 자들에 의하여 신실하게 살고자 하는 이들이 고난을 당하는 것을 피할 수가 없습니다. 그럼에도 불구하고 고통스런 현실 속에서 절망하지 않는 것은, 하나님께 소망을 두기에 잘 극복할 힘을 얻을 수 있어야 합니다.

풀 한 포기 생존하기 어려운 메마른 사막을 지나 시온을 향하는 길에 백합화같이 환하게 꽃이 피어 있다면, 그 아름다움이 얼마나 감동적일까요??

시온으로 돌아오는 하나님의 백성들을 위협하는 세력은 이제 더 이상 존재하지 않습니다. 다만 하나님의 보호의 손길만 있을 뿐입니다. 오직 구속함을 받은 자들만 그 길로 향하기 때문입니다.

우리의 삶이 비록 사막 광야 길 같더라도 슬픔과 탄식이 사라지고 기쁨과 즐거움이 충만해지는 대강절이 되길 기원합니다. '황무지가 장미꽃같이 피는 것을 볼 때에'(찬 242장) 찬송을 불러봅니다.

Shalom!

모든 삶에 문제가 찾아옵니다. 우리 모두는 직장을 잃고, 사랑하는 사람이 병에 걸리고, 영적 위기에 직면합니다. 결혼 생활에서 때때로 의견 불일치, 삶의 방향에 대한 혼란, 해결할 수 없는 것처럼 보이는 딜레마를 경험합니다. 우리가 땅에 묶여있는 한, 예상치 못한 반갑지 않은 문제가 우리의 몫으로 남아 있습니다.

　종종 우리는 "이런 일이 일어났을 때 하나님은 어디에 계셨습니까?"라고 묻고 싶은 유혹을 느낍니다. 하지만 전지전능하신 하나님은 우리의 미래에 있는 모든 것을 알고 계십니다. 그는 우리가 단지 소란을 피우고 걱정하거나 스스로 해결하려고 노력하다가 더 큰 문제에 빠지게 될 것임을 알고 있습니다. 그러나 어려움 없는 세상을 준비하시는 그분은 자비롭게 우리에게 경고하지 않습니다. 그 대신 그분은 위로의 손길을 잡으려고 손을 뻗는 가장 어려움을 겪는 당신의 손을 잡고 걸으십니다.

무엇이 복된 삶인가?

시편 Psalms 146:5-10
야곱의 하나님을 자기의 도움으로 삼고
자기의 하나님이신 주님께 희망을 거는 사람은, 복이 있다(5).
Blessed is he whose help is the God of Jacob,
whose hope is in the LORD his God,
....

이 세상에 믿고 의지할 인간이 몇이나 될까요?

언젠가는 숨이 끊어지면 흙으로 돌아갈 수밖에 없는 인생을 의지할 수 있는 것인가 의문을 가지게 된 것입니다.

왜 인간관계 속에서 상처가 생기고 아파하는가?

믿을 만하고 제일 가깝다고 생각했던 사람이 한순간에 등을 돌렸기 때문일 것입니다.

인간은 믿음의 존재가 아니라 오직 사랑의 존재일 뿐입니다. 죽도록 사랑하고 또 사랑하다 보면, 상처도 쉽게 아물고 아픔도 덜 느끼게 될 것입니다.

왜 하나님을 자기의 도움으로 삼으라 하는가?

왜 하나님께 자신의 소망을 두어야 복되다 하는가?

하늘과 땅과 바다와 그 가운데 거하는 모든 만물들이 다 그분의 창조물이며, 모든 권세와 능력을 지니신 분이기 때문입니다.

힘이 없어 억압당하는 사람들, 즉 의로운 삶을 살기에 압박당하는 사람들을 위해 공의로 판단하시며(권익을 보호하시며-공동번역), 의에 주리고 목마른 자들에게 식물을 주셔서 영적인 갈급함까지 채워 주시고, 불의한 권력에 의하여 자유를 박탈당한 자를 자유케 하시며 억눌림의 무게에 허리가 굽어 낮은 곳에 처한 자들을 일으켜 세워 위로 하시는 하나님이시기 때문입니다.

힘들고 어려울 때 하나님께 도움을 청 하고 그분에게만 소망을 두라는 시인의 조언(advice)에 응답해야 할 때입니다.

무엇이 복된 삶인가?

인내와 기다림

야고보서 James 5:7-10
너희도 길이 참고 마음을 굳건하게 하라 주의 강림이 가까우니라(8).
You too, be patient and stand firm,
because the Lord's coming is near.
....

농부가 메마른 땅에 씨앗을 파종해 놓고 늦은 비와 이른 비를 기다리지만, 비를 내리게 하는 것과 싹이 나서 자라게 하는 것은 농부가 할 수 있는 일이 아니기에 인내를 가지고 하늘의 뜻을 기다릴 뿐입니다.

우리의 삶에 큰 힘듦과 어려움이 찾아왔을 때, 침묵 가운데 참고 인내하는 것 외에 대처할 방법이 없을 때가 있습니다.

그렇다고 두 손 놓고 주저앉아 탄식만 하는 것이 아니라 농부처럼 메마른 땅이지만 땅을 갈아엎고 씨앗을 뿌리고 거름을 주어 새싹이 자랄 수 있는 환경을 조성해 주어야 합니다. 언제인가 치료와 회복이 있기를 바라기 때문입니다.

자신이 당하는 고통이 다 다른 사람으로부터 온 것이라 생각하기에 자기 자신을 살피지 못하고 다 남을 원망하며 책임을 전가하려 합니다.

끊임없이 자기 자신을 정당화시키려 하는 것이 우리의 모습인지도 모릅니다. 그렇기 때문에 내면을 향한 여정이 우리에게 필요한 것입니다.

남을 원망하다 스스로 멸망의 길을 가지 말고(고전 10:10), 나 스스로를 더 깊이 살피는 것이 자신의 생각과 마음을 바꾸고 바른 판단을 할 수 있는 지름길이 되기 때문입니다.

"의를 위하여 핍박을 받을 때 기뻐하고 즐거워하라. 하나님나라가 그들의 것이다"(마태 5:10-12)

아, 이것이 주님 오심을 기다리는 우리의 삶이 되어야 하는 것을….

Shalom!

아마도 당신은 인생에서 매우 운이 좋았던 사람들을 알고 있을 것입니다. 아마도 그들은 금수저를 물고 나오거나, 쉽게 학업을 마치고 좋은 직업을 얻거나 복권에 당첨되었을 것입니다. 전혀 계획하지 않았음에도 불구하고 무모하게 도전했음에도 불구하고 다음으로 건너뛰는 데 성공하고 흠집 없이 어떻게 든 살아남습니다. "신은 바보를 좋아한다"는 말이 있습니다.

이런 사람들을 부러워하는 것은 당연합니다. 우리도 쉬운 삶을 원합니다. 하지만 쉬운 삶이 정말 그렇게 감탄스럽기만 할까요? 어려움을 이겨내고 남이 그만둬도 계속 가는 사람은 근면과 정직을 통해 목적지까지 가는 사람은 누구입니까? 그들의 생존은 타고난 권리나 상황이 아니라 강인함과 회복력, 인내와 기다림의 결과였기 때문에 감탄할 만합니다. 성공을 가로막는 외적인 장애물을 극복했을 뿐만 아니라 그 과정에서 자신과 자신의 감정을 마스터한 사람이 훨씬 더 인상적입니다. 더 힘든 일을 당하고 승리한 사람, 그것은 위대함입니다.

새 생명의 기쁨

누가복음 Luke 1:5-19

너도 기뻐하고 즐거워할 것이요,

많은 사람도 그의 태어남을 기뻐하리니(14).

He will be a joy and delight to you,

and many will rejoice because of his birth,

....

새 생명이 세상에 태어난다는 것은 산모가 겪는 '산고(産苦)'의 고통도 잊게 하는 기쁨입니다.

세례 요한의 태어남은 그의 부모인 사가랴와 엘리사벳만의 기쁨만이 아니라, 친지들과 이웃들에게도 큰 기쁨이 되었습니다. 요한 은 주의 오심을 준비하는 자가 되었습니다.

기쁨의 좋은 소식은 만방에 알려 모두 기쁨을 함께 하는 것이 당연한 일입니다. 세례 요한의 탄생도 그러하다면, 예수 그리스도 의 탄생과 다시 오심은 우리(나)에게 가장 큰 기쁨이고 희망이었으 면 합니다.

우리의 삶이 어쩌면 기쁨을 잃어버렸는지도 모릅니다. 기쁨을 회복하려면 치유와 회복이 있어야 합니다.

바벨론 포로로 끌려갔던 유대인들이 하나님의 은총으로 말미암아 해방되어 고국으로 돌아오게 되었을 때, "우리는 꿈꾸는 것 같았다"(시 126:1) 노래했듯이 치유와 회복의 은총은 꿈꾸는 것 같은 기쁨이 아닐 수 없습니다.

질병에서 치유되어 건강이 회복되어졌을 때,

일거리를 잃고 떠돌다 일자리를 다시 얻게 되어졌을 때,

상처투성이었던 인간관계가 회복되어졌을 때,

심령이 메말라 삶 전체가 흔들렸을 때,

얽어 매였던 문제가 풀어졌을 때,

영혼이 소생되는 기쁨이 생긴다면 그 자체가 새 탄생의 기쁨인 것입니다. 새로운 삶의 탄생으로 인하여 삶의 즐거움과 기쁨이 넘쳐 행복한 삶이 되기를 기원합니다.

은혜를 입은 자

누가복음 Luke 1:26-38

천사가 안으로 들어가서, 마리아에게 말하였다.

"기뻐하여라, 은혜를 입은 자야,

주님께서 그대와 함께 하신다"(새번역 28절)."

The angel went to her and said,

"Greetings, you who are highly favored! The Lord is with you."

....

Hope, Love, Joy, Peace.

대강절에는 이렇게 촛불을 밝혀가며 예배를 드립니다.

주님 오심을 소망으로 준비하고 기다리며, 하나님의 사랑을 마음에 받아들이고, 큰 기쁨으로 평화를 누리며 사는 삶을 추구하기 때문입니다.

결혼을 앞둔 처녀에게 약혼자와 상관없이 성령으로 잉태할 것을 알리고, 은혜를 받았으니 기뻐하고 평안하라 한다면 어떻게 쉽게 받아들일 수 있을런지요?

그러나 "주님께서 너와 함께 하신다"는 말씀을 들었을 때, "나는 주님의 여종이오니 말씀대로 내게 이루어지이다" 마리아는 순종합니다.

　주님이 함께 하시니 두려움이 없어졌고, "내 영혼이 주를 찬양하며 내 마음이 하나님 내 구주를 기뻐하였음은, 나의 비천함을 돌보셨기 때문이라" 찬양을 합니다.
　그뿐만이 아니라 권력으로 불의를 행하던 자들을 그 자리에서 끌어내리시고, 비천한 자들을 높이시며, 굶주리는 자들을 배불리 먹이시고, 가진 것은 많으나 남을 돌보지 못하는 자들을 빈손으로 떠나보냄을 보았기에 기뻐할 수 있었습니다.

　나는 은혜를 입은 자가 아닌가?
　주께서 함께 하심을 기뻐하며 살아야지요.

Shalom!

주님의 오심으로 나는 은혜를 입은 자가 아닌가?

대강절(Advent)은 '옴', '도착'을 의미하는 라틴어 'adventus'에서 비롯된 말입니다. 이는 예수께서 오심을 뜻합니다. 한때 이 말은 성탄절에만 국한되어 사용되기도 했는데 오늘날에는 주님의 탄생을 미리 기대하며 성탄절 전 네 주일을 포함한 절기를 지칭하는 말로 사용되고 있습니다.

대강절의 또 다른 명칭으로는 주님의 오심을 기다린다는 뜻의 대림절(待臨節), 강림절(降臨節) 등으로 부르기도 합니다. 중대한 사건이나 기대되는 즐거운 일을 준비하며 자신을 가다듬는 것은 당연한 일입니다. 대강절은 태초부터 종말까지 이어지는 역사 중에서 최대의 사건이었던 예수 그리스도의 생애의 서막인 주의 탄생 기념일을 미리 준비하여 자신을 가다듬는 절기입니다. 이때 중요한 것은 과연 주님의 탄생이 어떤 것이었는가 하는 것을 이해하는 것입니다. 주께서 함께 하심을 기뻐하며 살아야지요.

주님이 함께 하심이 보이기를

이사야 Isaiah 7:10-16

그러므로 주께서 친히 징조를 너희에게 주실 것이라,

보라 처녀가 잉태하여 아들을 낳을 것이요,

그의 이름을 임마누엘이라 하리라(14)

Therefore the Lord himself will give you a sign:

The virgin will be with child and will give birth to a son,

and will call him Immanuel.

....

하나님께서 베풀어 주시는 은혜는 받아들이는 사람에게 은혜요 복이 됩니다.

아무리 폭포수와 같이 은혜를 쏟아부어 주어도 받아들이지 않는다면 자기 것이 될 수 없습니다.

이사야 선지자는 유다왕 아하스에게 믿음을 촉구합니다.

"너는 너를 위하여 네 하나님 여호와께 징조를 구하라"(11).

그러나 아하스는 하나님을 시험하지 않겠다 합니다.

어떻게 보면 믿음이 굳건한 것 같지만, 이사야가 전한 것은 하나님을 시험해 보라는 것이 아니라, 네가 얼마나 하나님을 신뢰하고 네가 얼마나 하나님의 능력을 믿고 있느냐는 물음입니다.

시공간을 초월하여 우리의 삶 가운데 구체적으로 역사하시는 하나님의 일하심에 대하여 우리의 믿음을 확고히 하고 신뢰하라는 말입니다.

이사야는 하나님을 '네 하나님'(11)이라고 칭하므로 이 세상을 살아가는 하나님의 백성들에게 너의 정체성이 무엇이냐 묻고 있는 것입니다.

네가 정말 하나님을 너와 함께 하시는 분으로, 네 가운데 계신 분으로 모시고 살고 있느냐는 것입니다.

마태복음서는 성령으로 잉태한 아들을 '예수'라 했고, 성육신하여 이 땅에 오신 하나님을 '임마누엘'이라 이 성경을 인용하여 우리에게 전하고 있습니다(마 1:21-23).

예수 안에서 하나님을 보듯이, 나와 당신 안에서 주님이 함께 하심이 보였으면 합니다.

회복이 필요하다

시편 Psalms 80:1-7

만군의 하나님이여 우리를 회복하여 주시고

주의 얼굴의 광채를 비추사 우리가 구원을 얻게 하소서(7)

Restore us, O God Almighty;

make your face shine upon us, that we may be saved.

....

"우리를 회복하여 주소서"란 구절을, 우리를 다시 일으켜 주소서(공동번역). 우리를 돌이키소서(개역성경)

새번역 성경이나 개역개정 성경에서는 "우리를 회복하여 주소서"라고 번역했습니다.

'Restore Us.'(NIV), 'Turn us again'(KJV)

우리말 성경과 다를바가 없습니다.

아버지 집에서 종으로라도 살게 해달라 했던 탕자가 아버지에게 돌아가 아들의 신분이 회복되듯이, 잘못된 삶을 되돌이키지 않고서는 삶의 회복이 어렵습니다.

주님 오심을 기다리는 대강절에 우리가 서둘러야 할 일은 회복시켜 주실 것을 간구함은 물론 돌이키는 일, 생각과 마음을 바꾸는 일(메타노이아) 회개하는 자만이 하나님나라에 다가갈 수 있기 때문입니다.

회복은 원상태로 돌아가는 것입니다. 곤고함에 처해 있으면서 삶의 회복을 위하여 간구함은 마땅한 일입니다.

우리말에서 '구원'이란 사전적 의미는 '위험이나 곤란에 처한 사람을 구해 주는 것', '죄악의 고통과 죽음에서 건져 내는 일'입니다.

예수의 이름은 "자기 백성을 그들의 죄에서 구원할 자"입니다 (마1:21).

'소생과 회복'을 간구하는 것은(18-19), 죽음 후의 영원한 하나님나라만 생각하는 구원이 아니라, 이 땅 위에서 하나님나라를 받아들이고 힘차게 살아가기 위함입니다.

Shalom!

많은 사람들이 미래에 대한 짙은 불안감에 잠에서 깨어납니다. 당신도 그런 사람 중 한 사람입니다. 당신은 때때로 수입이 지출을 감당할 수 있을지, 당신의 관계가 혼란에서 회복될 것인지, 당신의 계획이 결실을 맺을 것인지 무익할 것인지에 대해 두려워하고 있습니다.

　하지만 당신은 후회나 뒤를 돌아보는 일 없이 행복하고 온전할 것입니다. 당신이 당신을 잃을 수 있지만, 주님의 힘으로 당신은 자신을 잃지 않을 것입니다. 하나님은 당신을 둘러싼 세상에 회복을 가져오는 창조적인 힘으로 당신을 사용할 것입니다. 하나님은 그의 인자하심으로 그리스도 예수를 통하여 그의 영원한 영광에 참여하도록 여러분을 부르셨습니다. 그러므로 "너희가 잠시 고난을 받은 후에 그가 너희를 회복하시고 붙드시고 강하게 하시며 너희를 견고한 터 위에 세우시리라." 하신 것입니다. 그리하여 여러분은 회복되어 온 생명이 하나님의 통치에 복종하게 될 것입니다.

부르심을 받은 존재

로마서 Romans 1:1-7

너희도 그들 중에서

예수 그리스도의 것으로 부르심을 받은 자니라(6).

And you also are among those who are called to belong to

Jesus Christ.

....

그리스도인들이 대강절에 꼭 기억해야 할 것이 있다면, 나(우리) 자신이 예수 그리스도의 것으로 부르심을 받은 존재입니다.

부르심을 받은 사람은 분명히 부른 분의 필요에 의하여 세우심을 받게 될 것이고, 필요한 곳에 보내심도 받게 될 것을 의심치 않습니다.

"내가 그리스도와 함께 십자가에 못 박혔나니 그런즉 이제는 내가 사는 것이 아니오, 오직 내 안에 그리스도께서 사시는 것이라. 이제 내가 육체 가운데 사는 것은 나를 사랑하사 나를 위하여 자기 자신을 버리신 하나님의 아들을 믿는 믿음 안에서 사는 것이라"(갈 2:20-21),

바울만이 아니라 그리스도인으로서 새로운 삶을 고백할 수 있게 되는 것입니다.

우리가 말씀을 묵상하며 내면을 향한 여정을 계속하는 것은, 내 자신이 주님으로부터 부르심을 받은 사람으로서 본분을 다하고 살고 있는가를 늘 살피기 위함입니다.

그렇게 살고 있다면 더욱 힘을 내야 하며 그렇지 않다면 생각을 바꾸어 말씀에 의지해서 살려고 애써야 합니다.

"부르심을 받은 자는 죄의 몸에 속한 자가 아니며, 다시는 죄에게 종노릇 하는 자들이 아닙니다"(롬 6:6).

예수 그리스도의 것으로 부르심을 받은 자라는 사실을 새롭게 하는 계절입니다.

우리가 기다리는 나라

이사야 Isaiah 33:17-22

우리를 재판하는 이는 야훼,

우리의 법을 세우는 이도 야훼, 우리를 다스리는 왕도 야훼,

그분만이 우리를 구원하신다(공동번역 22).

For the LORD is our judge, the LORD is our lawgiver,

the LORD is our king; it is he who will save us.

....

우리가 살고 있는 세상, 공의와 정의는 살아있는가?

과연 법은 만인 앞에 공평한 것인가?

인간의 판단과 통치는 그들이 말하듯이 다 옳은 것인가?

수없이 쏟아지는 법률은 누구를 위함인가?

내가 살아있는 동안에 이 땅의 무수한 불의와 불법은 사라질까?

지금으로부터 2천6백여 년 전, 이스라엘이라는 작은 나라에서 이사야 선지자가 바라보았던 새 하늘과 새 땅, 하나님께서 만민을 위하여 법을 세우시고 그 법으로 공의와 정의를 강물같이 흐르게 재판하시는 야훼 하나님을 바라보았다면….

우리가 기다리는 나라,

우리가 기다리는 만 왕의 왕,

우리가 기다리는 통치,

우리가 기다리는 구원은 이루어질 수 있는 것인가?

꿈이라 할지라도 단지 기다리고 바라보는 것이라고 해도 하나님의 통치를 받아들이고 하나님의 법을 세우고 공의와 정의를 강물같이 흐르게 하는 재판을 하고 비천하게 살아가는 백성들이 행복해하는 나라가 이루어질 것을 바라보는 것은 잘못일까?

소망과 사랑과 기쁨과 평화를 바라보고 온몸으로 몸부림치며 살아가는 것이 오늘 우리를 향하신 하나님의 뜻이 아닐까?

Shalom!

힘든 일이 있을 때 많은 사람들이 "주님, 이건 불공평해요!"라고 부르짖습니다. 당신은 스스로 공정함을 원한다고 생각할지 모르지만 그렇지 않습니다. 공정함은 주께서 당신의 죄에 합당한 처우를 요구할 때 이루어집니다. 그리고 당신은 그 사실을 알고 있습니다. 왜냐하면 마음은 참으로 하나님을 알기 때문 입니다.

　당신은 항상 하나님의 왕국을 기억하고, 왕국의 일부인 당신은 길을 잃을 수 없다는 것을 기억하십시오. 힘든 일이 있을 때도 하나님은 공정하시다는 것을 믿으십시오. 하나님은 늘 당신 안에 있습니다. 하나님은 완벽하게 공평하게 창조하시기 때문입니다.

　성령께서 당신에게 그분의 공평하심을 항상 상기시키게 하시고, 그것을 당신의 형제들과 나누는 방법을 당신 스스로에게 가르치게 하소서.

말씀을 지키는 자가 복되다

요한계시록 Revelation 22:6-7(18-20)
보라 내가 속히 오리니
이 두루마리의 예언의 말씀을 지키는 자는 복이 있으리라 하더라(7).
"Behold, I am coming soon!
Blessed is he who keeps the words of the prophecy in this book."
....

대강절 마지막 촛불을 밝히고 이제 그리스도의 초를 밝히는 크리스마스 이브를 기다리고 있습니다.

사실 우리가 준비하며 기다려 온 것은 재림이 아니라 성탄절입니다.

대강절에 예수의 재림을 간절히 기다리며 준비하는 사람은 많지 않습니다. 처음 교회처럼 임박한 종말이 이루어지지 않고 2천 년이란 긴 세월이 흘렀기 때문입니다.

평상시에 종말론적인 사고를 지녔다면 그날과 그때는 아무도 모르기에 (죽음도 마찬가지)(막 13:32), 늘 기다리고 준비하며 살아가다 "마라나타, 주 예수여 어서 오시옵소서"(20)

반가움으로 영접하면 됩니다.

무엇보다 더 중요한 것은 매일 매일의 삶입니다. 하나님의 말씀을 지키는 자가 복되다 했기 때문입니다.

요한은 계시록을 시작하면서 "이 예언의 말씀을 읽는 자와 듣는 자들과 그 가운데 기록한 것을 지키는 자들이 복이 있다"합니다 (계 1:3). 말씀을 실천하기 위해서는 말씀을 읽고 듣고 바르게 배워야 지킬 수 있습니다.

"알고 행하면 복이 있으리라"(요 13:17) 말씀을 늘 묵상하며 바로 살려고 애쓰는 삶이 필요한 때입니다.

말씀에 의지하여

사무엘하 2 Samuel 7:18, 23-29
주 여호와께서 말씀하셨사오니,
주의 종의 집이 영원히 복을 받게 하옵소서 하니라(29b)
O Sovereign LORD, have spoken, and with your
blessing the house of your servant will be blessed forever."
....

들에서 양을 치던 목동을 데려다 이스라엘의 주권자로 삼으신 것은 야훼 하나님이십니다(8).
네가 어디로 가든지 무엇을 하든지 너와 함께할 것이며 너를 위대하게 해 줄 것이다(9).
나는 너의 아버지가 되고 너는 나의 아들이 될 것이며, 너의 왕위는 영원히 견고할 것이다" 말씀하셨습니다(12-16).

다윗은 이 약속의 말씀을 굳게 붙잡고 "주께서 말씀하셨사오니 주의 종의 집이 영원히 복을 받게 해달라" 기도합니다.
기도는 약속의 말씀을 붙잡을 때 힘이 있고, 응답 가운데 살아갈 수 있게 해 줍니다.
성경말씀은 우리를 복 주시겠다는 약속의 말씀입니다.
내가 평생 붙잡고 기도해 왔던 말씀입니다.

"주라, 그리하면 너희에게 줄 것이니 곧 후히 되어 누르고 흔들어 넘치도록 하여 너희에게 안겨주리라. 너희가 헤아리는 그 헤아림으로 너희도 헤아림을 도로 받을 것이니라"(눅 6:38).

남에게 무엇을 주는데 인색하지 않으려 했습니다.

그것이 지적인 것이든 물질적인 것이든, 내가 나누게 되었을 때 신기하게도 주님께서는 흔들어 넘치도록 채워 주시는 체험을 합니다.

비록 작고 가난한 교회 목사로 평생 살아왔지만, 가난한 자 같으나 많은 사람을 부요케 하고 아무것도 없는 자 같으나 모든 것을 가진 자처럼 살았던 것은(고후 6:10).

말씀을 붙잡고 기도하며 산 축복입니다.

약속의 말씀에 의지하여 삶이 기도가 되게 해야 합니다.

Shalom!

주의 종의 집이 영원히 복을 받게 하옵소서!

이 말씀은 예수 믿는 사람들의 영업장에 많이 붙어있는 내용이기도 합니다.

그런데 과연 이 복이 무슨 복입니까? 사람들마다 생각하는 복들이 다 다릅니다. 다윗이 하나님을 위하여 집을 지어드리려고 할 때 하나님께서 내가 너를 위하여 집을 지어 주겠다고 하십니다. 이 집이란 다윗의 왕위를 영원히 견고하게 하시겠다는 언약입니다. 그러나 다윗의 왕조는 솔로몬 이후 계속 쇠퇴하기만 했습니다. 그러면 어떻게 영원한 왕위를 세워주시는 것입니까? 그것은 다윗의 언약이나 시내산 언약이 중요한 것이 아니라 근본적으로 하나님의 백성이 되는 것이 중요하기 때문입니다. 이 말씀은 결국 예수 그리스도에게까지 연결이 됩니다.

하나님께서는 주 예수를 통해 다윗의 후손에게 엄청난 복을 주신 것입니다. 그래서 우리는 다윗의 집에 영원히 복을 주시듯 "주께서 말씀하셨사오니 주의 종의 집이 영원히 복을 받게 해달라" 기도합니다. 작고 가난한 교회 목사인 저의 일평생도 약속의 말씀을 붙잡고 기도하며 산 축복의 삶입니다.

신실한 믿음이 있어야

갈라디아서 Galatians 4:6-14

이는 그리스도 예수 안에서 아브라함의 복이 이방인에게 미치게 하고
또 우리로 하여금 믿음으로 말미암아 성령의 약속을 받게 하려 함이라
He redeemed us in order that the blessing given to Abraham
might come to the Gentiles through Christ Jesus,
so that by faith we might receive the promise of the Spirit.
....

COVID19 팬데믹 사태를 거치며 수많은 사람들이 교회를 떠났습니다.

어쩌면 대면예배보다 온라인 예배가 편해졌는지도 모르지만, 그런 이유만이 아니라는 것은 분명합니다.

어떤 이들은 "교회에 남은 자들은 알곡이고 교회 밖으로 나간 자들은 쭉정이라 이제야말로 알곡과 쭉정이를 골라내게 되었다" 말합니다.

얼마나 겸손하지 못한 신앙 태도입니까? 교회에 남아 있다고 다른 사람을 향해 쭉정이라 말함이 교만입니다. 예루살렘 성전이 아니면 하나님께 제사드리지 못하는 줄 알았는데, 바벨론 포로로 잡혀가서야 쉽게 고국으로 돌아갈 수도 없고 예루살렘 성전으로 올라가서 예배드릴 수 없게 된 것이 현실임을 깨닫게 된 것입니다.

그들은 있는 그 자리에서 이 문제를 해결하려 했고, 거기서 나온 대안이 회당을 짓고 예배드리는 일이었고, 하나님의 말씀대로 살지 못했던 자신들을 뒤돌아보며 구전으로 내려오던 하나님의 말씀을 기록하기 시작했던 것입니다.

오늘날 우리가 온라인 예배를 겸해서 드려야 하는 이유이기도 합니다.

교회가 세상을 감싸안지 못했기에 세상이 교회를 걱정함을 알아야 합니다.

아브라함이 조상이라고 저절로 선민이 된 것이 아닙니다.

그릇된 사고를 지니고 교회 밖의 사람들을 이방인 취급해서는 안 됩니다.

믿음으로 말미암지 않고는 아브라함과 함께 복을 누리지 못함을 깨달아야 합니다.

세상 모든 사람과 함께 하시기 위해 이 땅에 오신 주님을 순수하게 만나는 성탄절이 되어야 할 것입니다.

빛은 어두운 세상에

요한복음 John 1:1-14

참 빛 곧 세상에 와서 각 사람에게 비추는 빛이 있었나니

The true light that gives light to every man was coming into the world.

....

국립기상청(National Weather Service) 발표에 의하면, 오늘 아침 미국 중부 및 동부에 체감온도가 영하 40도 가까이 내려가고 폭설과 강풍이 불어 닥치고 있다고 예보하고 있습니다. 춥고 어두운 가운데 성탄절과 연말을 맞이할 거 같습니다.

빛으로 이 세상에 오셔서 어두운 세상에 사는 사람들에게 빛을 비추어 주신 주님께서 밝고 환한 빛뿐만 아니라 따스함까지 더 해 주는 성탄절이 되었으면 좋겠습니다.

여기에서 주목해야 할 점은 희랍어 [판타 안드로 폰]이라는 단어입니다. '모두', '모든 사람'이란 뜻의 '판타'란 말과 '각 사람', '개개인'이란 뜻의 '안드로폰'이란 말입니다.

모든 사람에게 빛을 비추지만 개개인에게 큰 관심과 사랑으로 빛을 비춤을 상징합니다.

예수께서는 자신을 따르는 사람들에게 "너희는 세상의 빛이다" (마 5:14) 말씀하셨습니다. 그리스도인들은 어두운 세상을 밝게 비추는 빛으로 살아야 그 삶을 보고 하나님께 영광을 돌릴 수 있다는 말씀입니다.

어둡고 추운 세상이기 때문에 빛은 더 밝게 비추일 수 있고, 손을 내밀기만 하면 더 따스한 손길이 될 수 있습니다. 금번 성탄절에 진정으로 누릴 수 있는 복은 우리 각자가 예수의 빛으로 어둡고 추운 세상을 따스하게 밝히는 일이어야 합니다.

평화가 있기를!

누가복음 Luke 2:8-14

지극히 높은 곳에서는 하나님께 영광이요

땅에서는 하나님이 기뻐하신 사람들 중에 평화로다 하니라(14).

"Glory to God in the highest,

and on earth peace to men on whom his favor rests."

....

히브리어 [חָגָה] '하가'란 말을 우리말로 '묵상'이라고 합니다.

'하가'는 말씀을 '낮은 소리로 읊조리다', '중얼거리다', '되새김질 하다'란 의미를 가지고 있습니다.

대강절 묵상을 하는 동안 마음을 한곳으로 모으고 낮은 소리로 말씀을 읊조리며 살았습니다. 어느새 마음의 힘듦과 고통스러움이 눈 녹듯 사라지고 마음의 평안이 스며들었습니다.

주께서 우리의 삶 가운데 오심을 기뻐하며 이 땅 위에서 사람들끼리 평화를 이루며 사는 것이 하늘에는 영광이 되는 줄 알았습니다.

말씀이 육신이 되어 우리 가운데 오신 분이 당신이시며, 결국은 하늘의 이야기가 이 땅의 이야기가 되고, 이 땅의 이야기가 하늘의 이야기가 되었습니다.

하늘의 복된 소식이 한밤중인데도 들판에서 자기 양떼를 지키던 목자들에게 들려온 것은 비천한 가운데서도 열심히 맡은 일을 감당하는 이들에게 주시는 하나님의 은총임도 알았습니다.

대강절 말씀 묵상을 함께 하며 주님 오심을 기다리며 준비하신 모든 분들께 감사드립니다. 임마누엘 주님이 함께 하시듯이 여러분과 함께한 시간들이 축복이었습니다.

기쁜 성탄과 새해에 복 많이 받으시고 마음껏 나누시는 복된 삶을 누리시길 축복합니다.

▲들꽃 피는 마을

-나의 어린 시절 신앙생활

"주님, 이 아이들이 경제적인 어려움으로 인하여 배움의 길이 막히지 않게 하시고, 세상에 나가 좋은 사람들을 만나게 하시며, 혹시라도 좋은 사람을 만나지 못한다면 이 아이들이 그들에게 좋은 사람이 되게 해 주소서" 아멘.

국민학교 졸업을 며칠 앞둔 어느 날, 아버지께서는 3남매를 당신의 서재로 부르셨다. 대학 입학을 앞둔 큰아들과 고등학교 입학을 앞둔 큰딸, 그리고 중학교 입학을 앞둔 셋째에게 무슨 말씀을 하시려고 하는가 궁금해하며 아버지 앞에 둘러앉았다.

그날 말씀의 요지는 가정 형편상 셋을 다 학교에 보낼 수 없으니 안타깝지만 누구든지 한 사람이 양보를 해 주었으면 좋겠다는 말씀이셨다. 가난한 시골 교회 목사셨던 아버님께서 얼마나 꺼내기 힘든 말씀이셨을까 생각해보면 지금도 가슴이 아리다.

잠시 무거운 침묵이 흐르는 동안 내 마음속에 그 어느 누군가는 바로 나라는 생각이 들었다. 형님은 우리 집 장남이니까 대학에 진학하는 것이 맞는 것 같고, 당시 여자들은 고등교육을 받는 것이 쉽지 않던 때라 마땅히 공부를 더 해야 했다. 그것은 아버님의 평소 지론이 남자들보다 여자들은 남의 집으로 보내야 하기에 더 가르쳐야 한다는 말씀을 하셨기 때문에 이제 남은 것은 나였으니 사실 결론은 이미 나 있었는데도 망설이지 않을 수 없었다.

그때 형님께서 본인이 쉬겠다는 말씀을 하셨다. 아버지의 뜻대로 신학교에 가기 싫었던 형님은 이미 2년이나 진학을 미루던 터였다.

나는 반사적으로 "그것은 안 됩니다. 내가 1년을 쉬겠습니다". 그러자 "그렇게 하는 것이 좋겠구나. 고맙구나, 봉수야! 우리 기도하자" 하시며 아버님께서 하신 기도 내용이 위의 기도다.

그날 나는 교회당 뒷동산으로 뛰어 올라가 '경제적인 어려움으로 인하여 배움의 길이 막히지 않게 기도하실 것이면 일찍 하시지, 이미 배움의 길이 막히게 되었는데 그런 기도를 왜 이제야 하시는가?' 원망과 한탄을 하며 펑펑 울었었다. 그날 이후, 내게 은총의 시간이었음을 알게 한 것은 오랜 시간이 흐른 뒤였다.

부모님과 함께 600여 평의 텃밭에 각종 채소와 고구마, 옥수수 등을 심어 굶주림을 피할 수 있었고, 돼지, 닭, 토끼 등을 키우며 어려운 살림을 좀 더 부유하게 일궜다. 특히 학교를 다니지 못하던 1년 동안 아버지의 서재에 그득했던 많은 책들을 이해도 못한 체 읽기 시작했다. 그것이 평생토록 책을 가까이하게 된 계기였다.

마음이 울적해질 때면 교회당의 작은 풍금 앞에 앉아 건반을 두들겼다. 누구에게 가르침을 받은 적도 없는데, 6개월쯤 지나자 찬송가 악보가 한눈에 들어와 4부로 연주할 정도로 실력이 늘었다. 1년이 지났을 무렵부터 예배시간에 반주자로 쓰임 받았다.

무엇보다 감사한 것은 인천서지방 감리교 교역자 자녀들을 대상으로 장학생 선발이 있었는데 그 장학금을 받게 되었다는 점이다. 시골 중학교를 졸업하고 역시 시골이나 다름없었던 서울 월계동에 위치한 고등학교(인덕실업)에 입학하게 되었다. 인덕학교는 그 당시 전국에 하나밖에 없던 기숙학교로 전 학생에게 장학금을 지급하여 학비 걱정은 하지 않아도 되었다.

인덕학원에서는 "하나님을 공경하고 나를 바쳐 남을 섬기자!" (God first, Others second, Myself last)란 교훈과 "손과 머리로, 무(無)에서 유(有)로!"란 교훈을 통하여 철저한 기독교 신앙을 익힐 수가 있었다. 특히 새벽이 되면 자유롭게 새벽기도를 할 수 있었는데, 김혜란 교장선생님이 말씀을 전하시고 나는 피아노 반주를 하며 참여했다.

그때부터 우정과 형제애를 이어가는 두 친구가 있다. 이일장(전 현대오토넷 사장)과 이명용(영문학 교수)이다. 고등학교 2학년 성탄절에 아버님 목사님을 통하여 군자교회에서 세례를 받고 믿음 안에서 한 형제가 되었고 군자교회를 고향 교회라 여기게 되었다.

고등학교 2학년 가을 어느 주말 오후, 대부분의 학생들이 외출을 나간 기숙사 뒷동산에 올라 넓은 바위에 드러누워 흘러가는 뭉게구름을 바라보며 진학 준비를 하지 않고 농촌으로 들어갈 생각하다가 번개를 맞은 것처럼 나의 삶을 뒤돌아보게 되었다.

"아! 아버지의 기도가 이미 이루어졌다"는 깨달음이었다.

경제적 어려움으로 인하여 배움의 길이 막히지 않고 공부하고 있었고, 이미 친형제들이나 다름없는 벗들과 선후배들과 기숙사 생활을 하고 있었고, 존경할 선생님들이 계셨다. 모든 것이 주님의 은총이었다.

그날 나는 산에서 내려와 시골로 달려갔다. 아버지 어머니께 감사드려야 한다는 생각뿐이었다. 내 기억으로는 생뚱맞게 설날도 아니면서 절을 하며 인사를 드렸던 것이 처음이었던 같다. 그날도 아버님께서는 같은 기도를 나의 머리에 손을 얹으시고 해 주셨다.

오랜 시간이 지나 나도 감리교 목회자로 살아가며 나의 아이들을 위해서 아버지께서 하셨던 축복기도를 늘 하고 있었다.

특히 "좋은 사람을 만나게 하시고, 그렇지 못한 상황이라면 그들에게 좋은 사람이 되게 해 주소서" 만남을 귀하게 여겨라. 사람은 누구를 만나느냐에 따라 인생이 달라지게 된다. 인간관계로 인하여 숱한 상처와 아픔이 생길지라도 너무 상심하지 말고 하나님과의 관계만큼이나 사람들과의 만남을 귀하게 여겨라. 자신도 모르는 사이에 주변에 좋은 만남이 계속되고 있음을 느끼게 될 것이다.

나는 지금까지 그렇게 체험하며 살아오고 있다.

Chapter 2
성탄절 묵상

▲성탄절에 선인장으로 만든 십자가

성탄절(Season of Christmas)은 기쁨의 계절입니다. 성탄절은 새로운 생명, 새로운 삶에 대한 소망을 가지고 교회는 새로운 생명에 관한 기쁨의 소식을 전하며 그리스도인들은 성탄의 기쁨을 가난하고 소외된 낮은 곳에서 힘겹게 살아가는 사람들과 함께 나누는 일에 힘을 써야 합니다.

"예수께서 오사 그들 가운데 서서 이르시되… 아버지께서 나를 보내신 것같이 나도 너희를 보낸다." -요한복음 20:19, 21

말씀이 육신이 되어

요한복음 John 1:14

말씀이 육신이 되어 우리 가운데 거하시매

우리가 그의 영광을 보니 아버지의 독생자의 영광이요

은혜와 진리가 충만하더라.

The Word became flesh and made his dwelling among us.

We have seen his glory, the glory of the One and Only,

who came from the Father, full of grace and truth.

....

예수님이 이 세상에 오신 것은 말씀이 육신이 되어 인간으로 오신 것입니다.

그는 우리와 똑같이 육신적 제한성을 가지셨기에 때로는 피곤해하고, 또 때로는 목말라하며 사람들과 함께 울고 웃으며 더불어 사셨던 분이십니다.

그것은 그분이 우리 가운데 거하신 분이라는 것을 '임마누엘'이란 이름으로 알려주시고, 힘 잃고 무릎 꿇린 사람들을 일으켜 세워 사람답게 살아가도록 치유의 은총을 베풀어 주신 분이십니다.

인간 예수 안에 내재된 신적 영광이 우리를 은혜와 진리 가운데

로 이끌어 주시고, 은총을 힘입은 사람으로 진리를 실천하며 살아
갈 수 있는 삶이 되도록 하셨습니다.

성탄의 기쁨은 우리로 하여금 우는 자들과 함께 울며 즐거워하
는 자들과 함께 즐거워하는 평화의 삶을 살아가게 해 줍니다(롬
12:15).

Shalom!

성탄절을 생각하거나 말할 때마다 우리는 영원한 아들 예수 그리스도 안에서 인간이 되신 획기적인 사건을 염두에 둡니다. 그러나 하나님은 그 사건을 넘어 세상에 선포하셨습니다. 이제 문제는 세상이 어떻게 반응하느냐입니다. 우리는 신약성경 전체가 예수 그리스도 안에서 행하신 하나님의 능력에 대한 응답으로 구성되어 있다고 말할 수도 있습니다.

예수님은 누가복음 20:9-16에서 왜 말씀이 육신이 되어야 했는지를 설명하셨습니다.

"한 사람이 포도원을 만들어 농부들에게 세로 주고 타국에 가서 오래 있다가 때가 이르매 포도원 소출 얼마를 바치게 하려고 한 종을 농부들에게 보내니 농부들이 종을 몹시 때리고 거저 보내었거늘 다시 다른 종을 보내니 그도 몹시 때리고 능욕하고 거저 보내었거늘 다시 세 번째 종을 보내니 이 종도 상하게 하고 내쫓은지라 포도원 주인이 이르되 어찌할까 내 사랑하는 아들을 보내리니 그들이 혹 그는 존대하리라 하였더니 농부들이 그를 보고 서로 의논하여 이르되 이는 상속자니 죽이고 그 유산을 우리의 것으로 만들자 하고 포도원 밖에 내쫓아 죽였느니라 그런즉 포도원 주인이 이 사람들을 어떻게 하겠느냐 와서 그 농부들을 진멸하고 포도원을 다른 사람들에게 주리라."

하늘의 평화와 슬픔 많은 이 세상

마태복음 Matthew 2:16-18

이에 헤롯이 박사들에게 속은 줄 알고 심히 노하여 사람을 보내어 베들레헴과 그 모든 지경 안에 있는 사내아이를 박사들에게 자세히 알아본 그 때를 기준하여 두 살부터 그 아래로 다 죽이니(16).

When Herod realized that he had been outwitted by the Magi, he was furious, and he gave orders to kill all the boys in Bethlehem and its vicinity who were two years old and under, in accordance with the time he had learned from the Magi.

....

하늘에는 영광 땅에는 평화라 하지만, 마태복음의 기록에 의하면 아기 예수는 태어나자마자 평화를 원치 않는 자들의 위협에 의해 이집트로 피신을 하게 됩니다.

이 모든 것이 하나님의 인도하심이었고 그분의 적극적인 개입에 의하여 이루어진 일이라 할지라도 예수의 탄생으로 인하여 같은 시기에 베들레헴과 그 인근에서 태어난 아기들이 헤롯에 의하여 다 학살을 당했다는 것을 어떻게 해석해야 할지 몰라 탄식이 저절로 나옵니다.

아담과 이브의 첫아들이었던 카인이 동생 아벨을 돌로 쳐 죽인 것이나(창 4:8), 모세가 태어났을 때 이집트 왕의 명령으로 어린 남자아이들이 죽임을 당했을 때(출 1:16), 그것도 하나님의 뜻이라고 말할 수 있을까요?

아닙니다, 정말 아닙니다. 인간의 악한 의지에 의하여 일어난 일까지 하나님의 뜻으로 말할 수는 없습니다.

구세주가 탄생한 기쁨과 평화의 날에 아들을 잃은 베들레헴의 어머니들의 고통의 눈물을 우리는 결코 잊어서는 안 됩니다.

이 슬픔 많은 세상에 기쁨과 평화를 주시기 위해 주님이 오셨다면, 우리 또한 화해와 치유를 만들어 가는 예수의 사람으로 살아야 합니다.

모든 일에는 때가 있다

전도서 Ecclesiastes 3:1-8
모든 일에는 다 때가 있다.
세상에서 일어나는 일마다 알맞은 때가 있다.
There is a time for everything,
and a season for every activity under heaven:
....

모든 일에 때가 있다는 것을 알게 되면 하나님의 주권 속에 우리가 살고 있음을 깨닫게 되어 느긋한 마음으로 살아갈 수 있습니다.

이 땅을 아름답게 지으시고 잘 관리하도록 우리에게 맡기셨는데 그 뜻을 깊이 헤아리지 못하고 자연을 훼손하고 파괴해 왔으니 자연재해로 인하여 어려움이 닥쳤을 때, 늦더라도 다시 회복을 위하여 일어설 때입니다.

씨를 뿌리면 싹이 날 때가 있고, 자랄 때가 있으면 꽃이 피고 열매를 맺을 때가 있고, 추수할 때가 있어 비로소 우리가 먹고 살게 됩니다.
이 모든 것이 하나님의 섭리 가운데 이루어집니다.

만날 때가 있으면 헤어질 때도 있는 법이니 힘들어하지 말고 다시 만남을 기대하는 것이 현명한 일일 것입니다.

사람은 경험한 것, 지금 보고 있는 것, 내가 들은 것을 지혜 삼아 말하고 행동하게 되는데, 이것이 바로 우리 인간의 한계임을 깨닫고 알고자 함에 힘쓰는 삶이 되어야 합니다.

성탄절이 지나고 한 해를 마무리하며 새해를 맞이하면서 늘 겸허하게 하나님의 때를 기다리고 잠잠히 하나님의 말씀에 지혜를 담는 귀한 시간이었으면 좋겠습니다.

Shalom!

많은 사람들이 현재에 충실하기보다 다른 것을 찾을 때가 많다. 그들은 시계를 보면서, 미래를 생각하면서 현재를 살아간다. 하지만 나중에 돌아보면 그들은 그 어디에서도 즐기지 못했다는 것을 알게 된다. 그들은 항상 한 발을 내일에 걸쳐 놓고 산다. 내일을 계획하고 준비하다가 내일을 두려워한다.

　그래서 두려움을 피해 잠깐씩 주의를 딴 데로 돌리면서 내일을 기다린다. 거기에는 '충분함'이란 없기 때문이다. 끊임없이 일을 하는 사람들에게 지금 자신이 무엇을 하는지는 중요하지 않다. 그들에겐 지금 오고 있는 미래만이 중요하고, 아직 손에 쥐어지지 않은 것, 보이지 않은 것, 이루어지지 않은 것, 달성되지 않은 것만이 인생의 참된 본질이다. −조앤 치티스터 『모든 일에는 때가 있다』_p.13

삶이 찬양이어야

시편 Psalms148:1-6

그것들이 여호와의 이름을 찬양함은 그가 명령하시므로 지음을 받았음
이로다

Let them praise the name of the LORD, for he commanded
and they were created.

....

하늘과 땅에 있는 모든 것이 여호와의 이름을 찬양해야 할 것은
하나님께서 말씀으로 저들을 지으셨기 때문입니다.

저들을 지으시고 그냥 내버려 두시는 것이 아니라 오늘도 지키
시고 인도해 주시기에 모든 피조물들은 다 그분의 말씀을 따르는
데, 유독 인간만이 불순종의 삶을 살아가는 것은 자유의지가 있기
때문입니다.

기쁨으로 하나님을 섬기며 노래하면서 그 앞에 나아가든지 아
니든지는 자기가 선택해야 합니다.

여러분들이 섬길 신(神)을 오늘 택하십시오. 나와 내 가족은 여
호와를 섬기겠습니다(여호수아 24:15).

그리스도인들이 하나님께 드리는 최고의 찬양은 우리 삶 자체입니다. 거짓되지 않고 순수한 마음으로 올바르게 살아가는 것이 하나님을 찬양하는 삶입니다.

　어떤 처지, 어떤 상황 속에서도 기쁨을 잃지 않고 감사하는 마음으로 주님을 찬양하는 삶이 되었으면 합니다.

Shalom!

의사소통은 모든 것을 포용하고 그것이 다시 확립하는 평화 속에서 사랑은 저절로 옵니다. 어떤 절망도 성탄절의 기쁨을 어둡게 하지 못합니다. 예수 그리스도의 시간은 기쁨을 떠나서는 의미가 없기 때문입니다. 누구에게도 희생을 요구하지 않음으로써 평화를 축하하는데 동참합시다.

먼저 구해야 할 일

마태복음 Matthew 6:33-34

그런즉 너희는 먼저 그의 나라와 그의 의를 구하라.

그리하면 이 모든 것을 너희에게 더 하시리라(33).

But seek first his kingdom and his righteousness,

and all these things will be given to you as well.

....

새해를 시작하며 두 가지 삶의 가치를 생각해 보았는데, 하나님께서 주신 은총을 마음껏 누리며 살아야 하며, 또 하나는 손발을 움직여 적극적이고 긍정적으로 선한 행동을 하며 살아야 한다는 것입니다.

그렇게 살기 위해서 그리스도인들이 먼저 해야 할 일은, 하나님의 나라를 구하는 것과 나의 의가 아닌 하나님의 의를 구하는 일입니다. 철저하게 자기 자신의 의를 비우지 못하면 하나님이 다스리시는 통치를 받아드릴 수 없습니다.

의(義)란 자기 자신이 생각하는 올바름이 아니라, 하나님의 뜻에 맞는 것을 구하는 의입니다.

"사람에게 보이려고 그들 앞에서 너희 의를 행치 않도록 주의하라" 하셨듯이(1) 외적 선이 아니라 내적 선이 우선되어야 합니다.

염려가 없고 근심이 없는 사람이 어디에 있겠습니까? 일어나지도 않은 일을 가지고 염려하고 근심하지 말고, 그럼에도 불구하고 오늘 주어진 삶에 최선을 다하는 것이 우리의 삶이어야 합니다.

주어진 오늘을 말씀에 의지하여 보람되고 뜻있고 멋지게 살다 보면 하나님의 때에 누군가에게 유익함이 있게 될 것입니다.

Shalom!

공중의 나는 새도 먹이시고 들에 피는 백합화도 아름답게 입히시는데 하나님께서 공급해 주시지 않겠느냐? 라고 하십니다. 하나님은 자기 아들을 아끼지 않고 주신 분입니다(롬 8:32). 이 가운데 우리가 할 일은 무엇을 먹고 입고 마실 것인가를 염려할 것이 아니라 하나님께서 때를 따라 주시는 은혜로 우리의 필요를 채우신다는 것을 믿는 것입니다. 우리가 하나님의 영광을 위해서 헌신하기로 결단하고 믿음을 따라 살 때 하나님께서 어찌 우리를 돌보시고 책임져 주시지 않겠습니까?

바로 믿으라!

요한복음 John 3:16-17
하나님이 세상을 이처럼 사랑하사 독생자를 주셨으니
이는 그를 믿는 자마다 멸망하지 않고 영생을 얻게 하려 하심이라(16).
For God so loved the world that he gave his one and only Son,
that whoever believes in him shall not perish but have eternal
life.
....

하나님께서 왜 독생자를 이 세상에 보내셨는가? 이 세상을 사
랑하셨기 때문입니다.

당시 유대인들의 선민사상은 하나님의 사랑은 이스라엘에 국한
된다고 받아들여 이방인들은 사람 취급을 하지 않으려 했습니다.
이런 고정관념은 이미 바벨론 포로기에서 왜 선민인 자신들이 이
방인들에 의하여 나라는 멸망을 당하고 포로로 잡혀 왔을까 생각
하며 깨지고 부서지고 변하기 시작한 것입니다.

구약성서의 이런 선민사상이 우리 기독교인들 중에도 아주 짙
게 깔려 있음을 부인할 수 없습니다.

우리는 하나님의 택하신 백성이라 하면서 타 종교인들이나 무
종교인들에 대하여 멸망할 자식들이라 생각하고 저주를 퍼붓고

있는 것은 아주 잘못된 신앙입니다.

독생자를 이 세상에 보내신 두 번째 이유가 바로 세상을 심판하려 하심이 아니라 세상이 구원을 얻게 하심이기 때문입니다. 예수는 이스라엘 백성이나 택하신 백성들에게만이 아니라 온 세상을 위해 오셨습니다.

세상 어느 누구에게나 구원의 기회를 주신 것이며 잘못된 생각이나 마음을 바꾸어 회개하고 하나님 앞으로 돌아오는 사람은 누구나 구원을 받게 될 것입니다.

그리스도인으로서 편협된 생각과 신앙을 버리고 예수의 오심을 바로 받아들였으면 좋겠습니다.

나와 너, 우리가 해야 할 일

사도행전 Acts 1:6-8

이르시되 때와 시기는 아버지께서 자기의 권한에 두셨으니

너희가 알 바 아니요(7).

He said to them: It is not for you to know the times or dates

the Father has set by his own authority.

....

　예수와 제자들의 대화를 자세히 살펴보면 모임과 때, 그리고 우리의 삶의 이야기가 있습니다.

　교회란 희랍어는 에클레시아(ἐκκλεσία)라고 하는데, 그 의미는 '불러 모으다'는 뜻으로 '부름 받은 사람들의 모임'이라고 할 수 있습니다.

　사도행전 2장은 최초의 교회가 얼마나 모이기에 힘썼는지를 알려주고 있습니다. 코로나 팬데믹19 사태로 모임 자체가 힘들어졌을 때, 에클레시아란 교회의 의미를 다시 생각해 보는 계기가 되었습니다.

　이스라엘의 회복의 때가 언제인가 제자들이 묻습니다.

　예수님의 대답은 그때와 시기는 하나님의 권한이니 너희가 알

바가 아니라 하십니다.

때와 시기는 같은 말인데, 희랍어로 카이로스(Καιρός)와 크로노스(Κρόνος)라 합니다. 카이로스는 하나님의 때, 크로노스는 연대기적 시간을 뜻합니다.

하나님의 계획하신 때에 일어나게 될 것이므로 그때를 준비하며 오늘을 살라 하십니다.

다시 말해 재림이나 종말에 모든 관심을 기울이지 말고 살아 있는 동안 예루살렘과 유다와 사마리아와 땅끝까지 이르러 내 증인이 되라 하신 것입니다. 그것은 내일 일은 내일에 맡기고, 오늘 주어진 사명을 잘 감당하며 살라는 말씀입니다.

오늘 내가 작은 촛불이 되어 내 주변을 먼저 밝혀야 점점 더 멀리 환한 빛이 비춰게 됩니다. 나와 너, 우리가 해야 할 일입니다.

Shalom!

베드로는 예수께서 세 번째로 "네가 나를 사랑하느냐?"고 물으셨기 때문에 마음이 아팠습니다. "주님, 당신은 모든 것을 아십니다. 당신은 내가 당신을 사랑한다는 것을 알고 있습니다." 예수님은 "내 양을 먹이라"고 말씀하셨습니다. -요한복음 21:17

승리의 삶으로!

고린도전서 1 Corinthians15:54-58

우리 주 예수 그리스도로 말미암아 우리에게 승리를 주시는 하나님께 감사하노니(57).

But thanks be to God!

He gives us the victory through our Lord Jesus Christ.

....

우리나라 말에 "털어서 먼지 안 나는 사람이 없다"는 말이 있습니다. 법 아래 완전한 사람이 있겠습니까? 법이란 것은 어느 누구에게는 자유를 억압하는 데 사용되어 율법의 의를 가지고 사람을 정죄합니다.

사망의 음침한 골짜기에서 나를 건져 주셨다는 것은 인간을 괴롭히던 죄로부터 승리하였다는 기쁨의 환호일 것입니다.

예수 그리스도께서는 사망의 권세를 이기고 부활하심으로 그를 믿는 자들이 사망을 이기고 다시 살아나는 기쁨을 맛보게 되는 것입니다. 그러므로 그리스도인들의 신앙은 부활 신앙에 근거해야 합니다.

다시 살아남의 은총은 죽음 후에 맛보는 것이 아니라 살아 움직일 때 체험해야 합니다. 마음도 몸도 일도 다시 일으켜 세움을 받을 때, 우리는 다시 살아남을 맛보게 됩니다.

그리스도를 향한 믿음 위에 견고하고 굳게 서서 흔들리지 말며 항상 주의 일에 최선을 다하는 사람이 되라는 말씀을 가슴에 품고 오늘을 승리로 이끄는 삶이 되었으면 합니다.

Shalom!

그리스도가 내 안에 내가 그리스도 안에 거하는 삶을 살기로 결심하는 순간, 우리는 하나님 나라의 영광스러운 승리가 우리의 삶 속에 깃들게 됩니다. 인간은 자신이 원하는 만큼 위대해질 수 있다. 자신을 믿고 용기, 투지, 헌신, 경쟁력 있는 추진력을 가진다면, 그리고 가치 있는 것들을 위한 대가로 작은 것들을 희생할 용의가 있다면 가능하다. – 빈스 롬바디

■ 정봉수 목사 일대기 -2

-나의 아버지 정종국 목사님

나의 신앙 형성 배경

나의 신앙 형성의 두 가지 배경은 첫째는 감리교 목사 가정에서 성장하면서부터였고, 둘째는 인덕학교 시절 기숙사 생활을 하면서였다. 어느 누구도 신앙생활을 강요하지 않았다. 가정에서도 학교에서도 스스로 선택하게 했다. 보고 듣고 실천함으로 기독교 정신으로 살아가도록 인도해 주었다.

부친께서는 군자교회에서 30여 년간 목회를 하시고 65세에 자원 은퇴하신 후, 미국으로 이민 가실 때까지 자녀들에게 본을 보여주셨다. 어쩌면 나는 목사로서 그분을 본받아 목회하려고 애썼는지도 모른다. 나에게는 부모님의 삶이 목회자로서의 롤 모델 (Role model)이 되었다. 자기 자신에 대해서도, 하나님과 사람을 섬김에 있어서도 부모님처럼 살면 손가락질받지 않을 목회자의 삶이 될 것이라 확신했기 때문이다.

"내가 기도하는 일을 그친다면, 그것은 내가 하나님께 죄를 짓는 것입니다."(삼상 12:23) 아마도 나의 아버지 정종국 목사님은 사무엘 같은 목회자였던 것 같다. 낙타 무릎이란 별명을 들을 정도로 마룻바닥에 오랜 시간 무릎을 꿇고 기도를 하셔서 무릎이 낙타 무릎처럼 되었기 때문이다. 평상시에도 무릎을 꿇고 앉는 것이

편하다고 하셨던 분이다. 성경을 통째로 외울 정도로 읽고, 묵상을 하셔서 성경 구절이 어디에 있는지 생각이 나지 않아 여쭤보면 다 해결이 되곤 했다. 기도와 말씀으로 자기 자신을 먼저 살피며 사셨기에 목회자 이전에 한 인간으로서 존경을 받으셨던 것 같다. 손에서 책을 놓지 않을 정도로 독서량이 많았고, 한시에 능하셔서 노랫말을 지어 찬송가 곡에 맞춰 부르시기도 하셨다.

나에게 하나님나라에 대한 신학적 개념을 분명히 할 수 있도록 영향을 주신 것도 아버지시다. 그분에게서 하루에도 몇 번씩 들을 수 있었던 찬송은 438장 "내 영혼이 은총 입어"란 찬송이다. 하나님의 나라는 죽어서 가는 곳이라기보다 주 예수와 동행하는 곳이면 그 어디나 하나님나라가 된다. 살아서도 죽어서도 주 예수와 동행하는 곳이 바로 하나님나라인 것이다.

나의 어머니 강영숙 사모님은 참 좋은 성품의 소유자셨다. 어머니에게는 몇 가지 은사가 있었다. 첫째는 아주 온화한 성품이셨다. 목소리를 높여서 말씀을 하시거나 자녀들이 잘못할지라도 분노하지 않고 늘 사랑으로 감싸주셨다. 자신이나 남에게 화를 내는 법이 없으셨다.

둘째 은사는 음식 솜씨가 남다르셨다. 어머니가 해 주시는 음식은 어떤 음식이든 맛이 있었다. 한국전쟁 후, 어려운 시절에도 하찮은 음식 재료를 가지고도 맛나게 음식을 만드셨기 때문에 우리 집에는 늘 찾아오시는 분들이 많았다. 가난한 살림에도 "사람 사는 곳에 사람이 찾아오지 않으면 그것은 잘못 사는 것이야" 하시며 웃으시며 섬기시던 모습을 생생하게 기억한다.

지금도 먹고 싶은 음식으로 어머니가 해 주시던 만두와 보쌈김치다. 식당에서 파는 보쌈김치가 아니다. 어머니의 보쌈김치는 그 속에 쇠고기, 굴비 등 몇 가지 생선, 밤, 잣, 사과, 배, 등 20여 가지의 재료를 넣어 만든 김치다. 아마도 개성에서 자란 분들은 이 김치를 알고 계실 것이다.

셋째는 드러내지 않고 말없이 교회공동체를 온몸으로 섬기셨다. 그 섬김 정신이 늘 교인들을 감싸 안으셨던 것 같다. 그분이 계시던 곳은 교회공동체의 낮은 자리였다. 그곳에서 온갖 궂은일을 소리 없이 하셨다.

어머니가 좋아하시던 찬송은 384장 "나의 갈 길 다 가도록"이었다.

나의 갈 길 다 가도록 예수 인도하시니 / 내 주 안에 있는 긍휼 어찌
의심하리요 / 믿음으로 사는 자는 하늘 위로 받겠네 / 무슨 일을 만나
든지 만사 형통하리라 / 무슨 일을 만나든지 만사 형통하리라

아무리 힘겹고 어려운 일을 만나도 주님의 긍휼하심을 의심하지 않으셨고, 만사 형통의 길로 인도하실 것을 믿고 사셨기에 늘 온화하게 사실 수 있었던 것 같다.

평생을 그렇게 사시더니 꽃 피는 봄날, 아지랑이가 들판에 피어

오르듯, 나뭇가지에 앉았던 새가 하늘로 날아오르듯, 그렇게 하나님나라로 가고 싶다고 기도하셨다. 그 기도대로 어느 따뜻한 봄날 조용히 우리 곁을 떠나셨다.

나에게 많은 목회적 영향을 끼쳐 주셨던 아버지의 목회를 생각해 본다.

교회와 마을 공동체를 함께 섬기셨던 목회자

마을 사람들을 만나기 위해서는 논과 밭으로 나가야 했다. 일하는 사람들을 붙잡고 이야기를 하는 것이 아니라 함께 일을 하다보면 이런저런 이야기를 나누게 된다. "가을엔 부지깽이도 덤빈다"는 속담이 있듯이, 농번기에는 모내기를 하든가 추수를 할 때면 논과 밭으로 나가 일손을 도왔다.

나중에 교회를 건축할 때는 믿지 않는 어르신들까지 건축현장에 나와 품앗이 왔다고 할 정도였고, 어떤 분은 술을 드시면 "형님!" 하고 부르며 아버님을 찾아오셨다.

예수 믿으라 말하지 않아도 아버지의 더불어 함께 하는 삶을 보며 자연스럽게 마을 사람들이 전도되었다.

탁월한 상담가로서의 목회자

나 역시 그렇지만, 설교자는 말로써 밥을 먹고 사는 사람들이라 다른 사람들 앞에서 설교를 자주 한다. 예배 시간뿐만 아니라 평소에도 설교를 하기에 사람들이 듣기 싫을 때면, "나에게 설교하지 마시오"라고 한다. 말을 하지 않고 남의 말을 들어준다는 것이 쉽지 않다는 말이다.

아버지는 어떻게 한 시간 혹은 두 시간을 몇 마디 하지 않고 상대방의 말을 귀담아들어 줄 수 있었을까? 정말 탁월한 상담가였기에 수많은 후배 목회자들이 아버님을 찾아왔고, 교인들도 자신들의 고민과 답답한 가정사 해결을 위해 찾아왔다.

아버지는 단 한번도 서둘러 문제 해결을 하려 하지 않고 상대방의 말을 들어주는 시간에 그들은 스스로 문제 해결을 하곤 했다. 나의 목회를 뒤돌아보면서 아버지로부터 침묵의 목회를 제대로 배우지 못했구나 하는 생각을 많이 하게 된다.

예수처럼 살아가기 위해 목수가 된 목사

이미 예수처럼 살기를 원했던 분이다. 27세 젊은 나이에 폐결핵으로 인하여 6개월 정도밖에 살 수 없다는 의사의 사형선고를 받고 낙향하여 할아버지가 만들어 주신 움막에서 죽을 날을 기다렸다고 한다.

그때 기도하시길, "만약 치료해 주셔서 건강을 되찾게 되면 남이 가지 않는 곳에 가서 평생을 복음을 전하며 살겠다"고 하셨단다.

그런데 하나님의 은혜로 회복이 되셔서 90평생을 감기 한 번 앓지 않고 사셨다. 그래서 입버릇처럼 말하시를 "나는 그때 하나님께서 특제품으로 만들어 주셨어" 하시며 건강하게 그 약속을 지키셨다. 아무리 좋은 조건의 목회지가 나와도 어렵고 힘든 농어촌을 떠돌며 목회를 하셨다.

아버님은 원래 집 짓는 목수셨다. 어려서부터 예수님처럼 살고 싶어 목수 일을 배우셨다고 한다. 손수 집을 짓고, 교회 건축을 몇 번씩이나 하셨다. 나는 어려서 그분 밑에서 망치질, 톱질을 배웠다. 두려움 없이 살아왔고 사막에 내다 놓아도 살아남을 수 있도록 훈련이 되었다고 자부해 왔다.

후 세대에 본을 보여준 은퇴 후의 모습

나는 은퇴를 준비하면서 목사로서 어떻게 교회 목회를 마무리해야 하는가를 늘 생각하며 아버지를 생각했다. 아무리 온 힘을 기울여 교회를 세우고 목회를 했다 할지라도 은퇴하면 섬기던 교회공동체를 떠나는 것이 마땅한 일이라 생각하셨다.

반월공단의 미래를 생각하며 서둘러 심혈을 기울여 500여 명이 한 자리에서 예배드릴 수 있는 교회 건축을 시작하셨다. 그러나 경제적 사정이 여의찮아 어려움을 많이 겪으셨다.

내가 해군을 제대했을 때, 외삼촌께서 기념으로 3,000평 산야를 사 주셨다. 그곳에 포도원을 만들고 이미 3년 차가 되어 과일을 얻게 되었다. 아버지께서는 그 땅을 팔아 교회 건축을 마무리할 수 있게 해 달라 말씀을 하셨다. 만약 그때 내가 거절했다면 후에 농사꾼으로 계속 살았는지도 모른다.

교회가 완공되고 더 열심히 목회를 하실 줄 알았는데, 입당 예배를 드린 후에 자원은퇴를 선언하시고, 교회를 떠나 미국으로 삶의 자리를 옮기셨다. 원로 목사와 담임목사의 갈등으로 교회가 상처를 입게 되는 일이 많았기 때문이다.

나 역시 은퇴를 앞두고 피닉스에서 133마일 떨어진 투산으로 삶의 자리를 옮긴 것은 후임자가 마음껏 목회하도록 하기 위해서였다.

부모님이 나에게 유품으로 남겨주신 것은 평상시에 읽으시던 성경책 세 권과 어머니의 빨간 지갑이다. 그 지갑 안에는 늘 구제 헌금이 들어있었다. 지갑을 열고 또 열어도 끝없이 지갑에 돈이 남아있었던 것을 보았다. 성경을 읽고 묵상하는 일과 지갑을 열고 이웃과 더불어 살라는 유산을 남겨주셨다.

Chapter 3
주현절 묵상

▲주현절에 애리조나 광야

주현절(Season of Epipany)의 '주현(Epipihany)'이란 주님께서 나타나셨다는 의미입니다. 주현절은 사순절이 시작되는 성회 수요일(Ash Wednesday)까지 계속됩니다. 주현절 후 첫째 주일은 '주님의 세례일'로, 주현절 후 마지막 주일은 '주님의 산상변모주일'로 지키게 됩니다. 주현절기는 새로움과 갱신, 새해를 맞이하여 빛의 자녀로서의 삶을 추구하는 계절입니다.

예수님은 "진실로 너희에게 이르노니 거듭나지 아니하면 하나님나라를 볼 수 없느니라"고 선언하셨습니다. -요한복음 3:3

축복은 이런 것이다

전도서 Ecclesiastes 3:9-13
사람들이 사는 동안에 기뻐하며 선을 행하는 것보다 더 나은 것이 없는 줄을 내가 알았고(12).
I know that there is nothing better for men than to be happy and do good while they live.
....

일하지 않고 놀고 먹으면 좋을 것 같지만, 일하는 수고는 사람들의 삶의 과정에 피할 수 없는 일입니다.

일은 하나님이 주신 것이기에 애쓰고 노력하며 살아가는 것이 하나님의 섭리입니다. 살아 있는 모든 생물은 정말 치열하게 살아갑니다. 식물들도 물과 거름이 있는 곳으로 뿌리를 뻗어 나가고, 동물들과 공중을 나는 새들도 먹이를 찾아온 몸으로 움직입니다. 그것이 생존의 문제이기 때문입니다.

사람은 살아있는 동안 추구하고 성취해야 할 일이 반드시 있게 마련입니다. 이런 의식이 없으면 사람은 무기력하고 나태해집니다. 하나님께서 창조하신 아름다운 자연에서 우리가 제대로 살려고 하면 그 뜻을 기억하고 즐거운 마음으로 맡겨 주신 일을 하며 아름답게 살아야 합니다.

새해를 맞이하며 삶의 두 가지 가치가 있다면, 하나는 하나님이 주신 은총을 기뻐하며 누리고 사는 것이고, 또 하나는 능동적이고 적극적으로 선을 행하는 것입니다. 즐거움은 누리고 손발을 움직여 선을 행하면 그만큼 큰 축복이 있을까요.

Shalom!

복을 받을 사람은 마음이 청결한 자, 즉 일편단심과 투명하게 성실한 자입니다. 그리스도인들도 화평케 하는 자가 되어야 합니다. 그때에 그들은 하나님의 자녀라 일컬음을 받을 것인데 그들의 아버지는 그의 아들의 죽으심으로 우리와 값비싼 화평을 이루신 지극히 화평케 하시는 자이시기 때문입니다(골 1:20). 팔복은 의를 위하여 박해를 받는 자들에게 축복을 선포합니다.

좀 더 겸손하게 섬김의 사람으로

로마서 Romans 3:23-24
모든 사람이 죄를 범하였으매 하나님의 영광에 이르지 못하더니
For all have sinned and fall short of the glory of God,
....

왜 그리스도인들이 좋은 평가를 받지 못하고 교회는 점점 손가락질을 받게 되는가? 그 이유를 단순하게 말하기 어렵지만, 예수 믿는다는 사람들이 신앙인으로 살아가는 모습을 제대로 보이지 못하기 때문일 것입니다.

바울은 로마서에서 모든 인간은 전적인 타락으로 인하여 거짓되고 부패한 마음을 지니고 있음으로 그 누구도 자기 스스로의 능력으로 구원함에 이룰 수 없다 합니다.

인간의 죄란 하나님과의 관계에서 벗어난 것인데(롬 5:12), 그렇다면 하나님뿐만 아니라 사람과의 관계에서도 자기 자신과의 관계에서도 만약 벗어났다면 그것은 죄가 아닐 수 없다는 말입니다.

맨 처음 세상의 사람인 아담이 하나님의 말씀에 불순종하므로 그 관계가 멀어졌다면, 그의 첫아들인 카인이 동생 아벨을 죽이는 일이 벌어졌을 때, 어떤 누구도 그에게 동생을 죽이라 가르치지 않았다는 점입니다.

인간 안에 하나님과의 관계가 멀어졌을 때, 사람을 향한 관계가

자연히 멀어질 수밖에 없었고 자연스럽게 그 죄성이 이렇게 나타
나게 된 것입니다.

우리 자신이 전적으로 타락한 인간이기에 하나님의 은총을 간
구하는 것이며 예수 그리스도 안에서 믿음으로 의롭다 하심을 얻
게 된 것입니다.

우리 주 예수 그리스도의 은총을 받아들이고 좀 더 겸손하게 섬
김의 사람으로 살았으면 좋겠습니다.

Shalom!

그러므로 그리스도 안에 무슨 권면이나 사랑의 무슨 위로나 성령
의 무슨 교제나 긍휼이나 자비가 있거든 마음을 같이하여 같은 사
랑을 가지고 뜻을 합하며 한마음을 품어 아무 일에든지 다툼이나
허영으로 하지 말고 오직 겸손한 마음으로 각각 자기보다 남을 낫
게 여기고 각각 자기 일을 돌볼뿐더러 또한 각각 다른 사람들의
일을 돌보아 나의 기쁨을 충만하게 하라. -빌립보서 2장 1-4절

예수의 길, 나의 길

이사야 Isaiah 53:4-6

그가 찔림은 우리의 허물 때문이요 그가 상함은 우리의 죄악 때문이라 그가 징계를 받으므로 우리는 평화를 누리고 그가 채찍에 맞으므로 우리는 나음을 받았도다(5).

....

하나님의 종은 사람들을 대신하여 슬픔과 고통을 당했는 데도, 정작 그를 통해 혜택을 받은 사람들은 그를 보면서 그 자신의 징벌을 당한다고 생각한다는 것입니다. 기독교에서는 이사야의 예언 속 주의 종을 나사렛 예수라 말합니다.

하나님이 독생자 예수를 이 세상에 보내신 것은 비록 하나님과의 관계가 멀어져 있는 사람들이라 할지라도 그들이 예수를 받아들여 믿게 되면, 그들을 사랑하사 구원을 베푸시기 위함입니다.

예수의 십자가 지심과 죽음은 우리(나)의 대속적 희생적 죽음이었던 것입니다. 한 번 깊게 생각해 보십시다. 세상 사람들은 너나 할 것 없이 힘 있고 부를 가지고 권력을 누리면 힘 없고 가난한 사람들에게 자신들의 질고를 대신 지게 하지 않던가요?

그런데 하나님의 독생자가 인간의 고통과 슬픔을 대신 짊어지셨다는 것이 무엇인가 다르지 않습니까? 이것이 예수의 길이었고 삶입니다.

자유의지를 가진 인간은 제 갈 길로 가는 것이 당연한 일입니다. 그러나 예수를 믿고 따르는 사람들은 진리의 길을 따라 예수의 사람으로 삶의 길을 달리한 사람들입니다. 그러기에 신학적 사고와 믿음의 정도에 따라 삶의 깊이가 달라지게 됩니다. 예수와 마지막까지 동행하는 삶이 되길 바랍니다.

Shalom!

저는 기도할 때마다 잊지 않는 기도 제목이 있습니다. "저를 긍휼히 여겨주십시오"라는 기도입니다. 주의 은혜와 긍휼을 입지 않고는 한 걸음도 나아갈 수 없다는 것을 알기에 놓치지 않는 기도 제목입니다.

시대가 어렵습니다. 예수를 부인하고 자기 길로 갑니다. 그러나 어려운 시대일수록 주의 사랑에 붙들린 자를 통해 하나님은 일을 이루어 가십니다. 예수님의 사랑으로 채우고 목양하는 나의 길이 예수의 길이 되기를 기도합니다.

속 사람이 건강해야

에베소서 Ephesians 3:14-15

그의 영광의 풍성함을 따라 그의 성령으로 말미암아 너희 속사람을 능력
으로 강건하게 하시오며(16)

I pray that out of his glorious riches he may strengthen you
with power through his Spirit in your inner being,

....

사도 바울은 에베소서 3:1-13절까지 자신이 하나님의 은혜로
말미암아 이방인의 사도가 된 것과 예수 그리스도의 구속의 은총
을 그들에게 전하는 자신의 소명에 대하여 이야기를 한 후, 성도
들의 영적 건강함과 충만함을 위한 중보기도를 합니다.

말씀에 근거한 기도는 하늘의 보좌를 움직이는 능력이 있습니
다(데살후 1:11, 3:1 참고). 그는 간절한 마음으로 주님 앞에 무릎을
꿇고 에베소교회와 성도들을 위하여 기도합니다.

모든 성도들이 내적으로 아주 건강하게 하소서. 속 사람, 내적
인간이 먼저 건강해야 합니다. 우리가 내면을 향한 여정을 하는
것은 다른 이유나 목적이 아니라 속 사람, 즉 내적 인간이 건강해
지길 원해서입니다.

우리의 겉 사람은 날로 낡아지나 속 사람은 날로 새로워져야 하
기 때문입니다(고후 4:16). 그래야 어떤 환난 속에서도 하나님께서

기뻐하시는 삶을 살아갈 수 있습니다.

속 사람은 성령께서 임재하시는 자리이고 인격적으로 사람을 변화시킬 수 있는 곳이기도 합니다. 그러므로 그리스도께서 그들의 마음에 계시기를 기도했던 것입니다. 그리고 또 하나는 성도들이 그리스도의 사랑을 제대로 알고 깨닫도록 기도합니다.

마음의 평화는 그저 오는 것이 아니라 평화를 제대로 알고 깨닫고 평화의 사람으로 살아가는 사람에게 오는 것입니다.

얼마나 감격스런 일인가?

예레미야 Jeremiah 30:18-22

너희는 내 백성이 되겠고 나는 너희들의 하나님이 되리라(22).

So you will be my people, and I will be your God.

....

얼마나 가슴이 뛰는 하늘의 소리인가? 예수는 "너는 내 사랑하는 아들이고 내 기뻐하는 자라"는 하늘의 소리를 듣고 그 감격을 주체할 수가 없어서 광야로 나가지 않았던가?

바벨론 포로로 잡혀갔던 이스라엘 백성들은 삶의 터전뿐만 아니라 마음까지도 황폐한 들녘 같았을 것입니다. 그러던 시대에 들려온 선지자의 하늘 소리, 그 감동과 감격은 감사의 노래를 부르며 즐거움의 춤을 추게 했습니다.

그들의 황폐해진 삶의 터전과 환경은 하나님과의 관계가 멀어졌을 때 찾아온 것이었기에 그들은 하나님으로부터 징계를 받았다고 생각을 했고, 그 징계에서 풀려나 고국으로 돌아갈 수 있었던 것은 하나님과의 관계가 회복되는 은총이라고 고백합니다.

치유와 회복의 딱 한 가지 방법, 그것은 하나님께로 가까이 나아가는 것뿐입니다. 하나님과의 관계 회복이 모든 회복의 첫걸음입니다. 파괴된 인간관계의 회복 역시 내가 먼저 다가가 손을 내밀 때 성립됩니다. 황폐해진 곳에서 회복은 시작됩니다. 언덕 위에 세워질 성전과 성읍도, 흩어졌던 백성들도 모두 다 황폐한 곳으로부터 발걸음이 옮겨집니다. 그들이 와서 머무르는 그곳이 하나님의 사랑으로 은총이 가득 베풀어질 것입니다.

우리는 하나님의 백성이 되고 하나님은 우리의 하나님이 되는 감동이 있길 바랍니다.

Shalom!

하나님은 모세에게 "네가 내 얼굴을 보지 못하리니 나를 보고 살자가 없음이니라"(출 33:20)라고 분명히 말씀하셨습니다. 그러므로 지금까지 인간이 본 모든 것은 하나님의 내적 존재의 외적 비춤으로 정의된 하나님의 영광입니다. 우리는 성육신한 아들의 인격과 사역에서 그분의 영광을 보았습니다. 그러나 언젠가 휘장이 걷힐 것이고 우리는 그분을 "있는 그대로"(요일 3:2), 심지어 "대면하여"(고전 13:12) 보게 될 것입니다.

지키심의 은총을 감사하라

시편 Psalms 121:1-8
여호와께서 너의 출입을 지금부터 영원까지 지키시리로다(8).
The LORD will watch over your coming and going both now and forevermore.

....

하나님의 보호하심과 지키심에 대한 확실한 믿음입니다. 하나님은 졸지도 주무시지도 않으시면서 우리를 눈동자처럼 사랑하셔서 우리의 발걸음을 지켜 주시고 삶을 인도해 주신다는 믿음이 확고한 것입니다.

이것은 하나님께 대한 확고한 신뢰입니다. 주님이 나와 함께 하신다는 신앙이 있는 한 어떤 환경 속에서도 실족지 않을 수 있다는 확신입니다.

나이 들어가면서 제일 조심스러운 것은 [실족] 넘어지는 일입니다. '실족하다'는 말로 번역된 히브리어는 '람모트'입니다. '람모트'란 '비틀거리다', '흔들리다'란 뜻입니다. 발을 헛디뎌 넘어지게 되면 때로는 회복이 안 되고 고생을 할 수도 있기 때문입니다.

신앙적으로 흔들릴 수도 있습니다. 그러나 시편 시인은 하나님께서 지켜 주시기에 실족하는 일이 없게 붙잡아 주신다는 고백을 합니다.

영혼을 히브리어로 '네페쉬'라고 합니다. 그러나 이 단어에는 생명이라는 뜻도 있습니다. 어렵고 힘들 때, 그때가 경제적이건 육신적 혹은 정신적으로 고통을 겪고 있더라도 나의 생명과 영혼을 붙잡아 주실 것이란 믿음이 우리를 구원해 낼 것입니다.

그분의 인도하심과 지키심을 생각하며 "내 영혼아 여호와를 송축하며 그 모든 은택을 잊지 말지어다"(시 103:2).

늘 베풀어 주신 은혜를 감사하는 삶이 되었으면 합니다.

새 사람으로 산다는 것

에베소서 Ephesians 4:22-24

하나님을 따라 의와 진리의 거룩함으로 지으심을 받은 새 사람을 입으라 (24).

And to put on the new self, created to be like God in true righteousness and holiness.

....

예수 믿는 사람들이 예수의 사람으로 살아가는 것은 당연합니다. 그런데 그것이 쉽지 않다는 것이 문제입니다. 왜 그럴까요? 옛 사람을 벗어 버리고 예수의 사람으로 옷을 갈아입어야 하는데 옛 사람의 옷이 너무 아까워(?) 벗어 버리지 못해서 그럽니다.

어쩌면 아주 쉬운 일인데도 어린아이와 같은 순수한 마음으로 옷을 갈아입지 못하여 예수의 사람으로 변화된 삶을 살아가지 못하는지도 모릅니다.

성서가 말하는 새 사람으로서의 삶의 방식이 무엇일까요? 첫째는 옛사람을 벗어 버리는 것입니다. 예수 믿기 전의 삶의 방식에 얽매여서는 안 됩니다. 무엇이 옳다고 주장하거나 그것만이 진리라고 고집하는 것이 얼마나 위험한 일인지 모릅니다. 과감하게 하나님의 뜻을 따르려는 애씀이 있어야 합니다.

둘째 허망한 욕정을 따라 살던 옛사람을 벗어 버리는 일입니다. 자기 정욕대로 살아온 자기중심적 생활 방식을 버리고 마음을 새롭게 하여 하나님의 형상을 회복하는 일입니다.

우리는 의와 진리와 거룩함으로 지음 받은 자들입니다. 좀 더 구체적으로 25-32절의 말씀을 묵상해 보십시오. 교회공동체 안에서 한 지체된 자들이 더러운 말로 남에게 상처주지 말고 선한 말을 하여 덕을 세우고 듣는 자들에게 은혜를 끼쳐야 합니다.

서로 인자한 마음을 가지고 불쌍히 여기며 서로 용서하기를 하나님이 그리스도 안에서 우리를 먼저 용서하심과 같이 하며 살아가십시다.

예수의 사람으로 살아야

로마서 Romans 13:11-14
오직 주 예수 그리스도로 옷 입고 정욕을 위하여 육신의 일을 도모하지
말라(14).
Rather, clothe yourselves with the Lord Jesus Christ, and do
not think about how to gratify the desires of the sinful nature.
....

밤이 깊었다는 것은 새벽이 밝아오고 있다는 징조이듯 세상 돌
아가는 것을 볼 때 하나님의 때가 가까이 온 것만큼은 틀림없는
것 같습니다. 이럴 때 우리가 해야 할 일은 앞날을 알아보러 무속
인들을 찾아 다니는 것이 아니라 어둠의 일을 벗어 버리고 빛의
갑옷으로 갈아입는 일입니다.

때를 분별할 줄 알면 얼마나 좋겠습니까? 그러나 그날과 그때
는 하늘의 천사도 하나님의 독생자도 알지 못하고 오로지 하나님
만 아시는 일이라 하셨습니다(막 13:32).

물론 우리는 모든 일을 예측할 수 있습니다. 철저하게 준비하는
것이 마땅한 일입니다. 개개인이 올바른 삶을 살려는 일 또한 필
요합니다. 오직 예수의 사람으로 살아가는 데 관심을 기울여야 합
니다.

예수 믿는다는 것은 신비한 환상 속에 살아가는 것이 아니라 이

땅에 철저하게 발붙이고 멸망을 향해 치닫고 있는 삶이 아니라 평화의 동산으로 하나님의 나라를 만들어 가는 삶이어야 합니다.

어렵고 힘들게 사는 사람들과 더불어 사는 일입니다. 오늘 주신 이날을 은총으로 받아들이고 감사한 마음으로 형제와 이웃과 더불어 평화를 누리며 점점 익어가는 삶이 되어야 할 것입니다.

Shalom!

하나님의 축복을 경험하는 것은 단순히 하나님께로부터 좋은 것을 얻는 것이 아닙니다. 축복의 본질은 하나님 자신입니다. 하나님께서 예수 그리스도 안에서 우리에게 얼마나 많은 것을 주셨고 그분의 가치가 얼마나 되는지 알기 시작할 때, 우리는 우리가 하나님께 얻기를 바라는 모든 것, 즉 건강, 사랑의 관계, 위험으로부터의 보호, 물질적 공급 등을 깨닫습니다.

우리가 예수 그리스도 안에 있는 예수의 사람으로 살아야 모든 것을 얻는 축복의 삶을 살게 되는 것입니다.

내가 만들어 가는 것이다

히브리서 Hebrews 12:12-14

그러므로 피곤한 손과 연약한 무릎을 일으켜 세우고 너희 발을 위하여 곧은 길을 만들어 저는 다리로 하여금 어그러지지 않고 고침을 받게 하라(12-13)

Therefore, strengthen your feeble arms and weak knees. "Make level paths for your feet", so that the lame may not be disabled, but rather healed.

....

부모가 자녀들을 사랑하므로 훈계하듯 "하나님께서 그 사랑하시는 자를 징계하시고 그가 받아들이시는 이들마다 채찍질하신다"(6). 그래서 징계를 받고 채찍질 당하였기에 손에 힘이 없고 무릎에 힘을 잃어 주저앉은 상태가 됩니다.

아무리 신앙이 깊은 사람이라도 어렵고 힘겨운 일을 당 하면 힘을 잃습니다. 마치 갈멜산에서 바알 선지자들과 한 판 승부를 걸고 그들을 물리친 엘리야가 이세벨의 위협에 광 야로 도망쳐 로뎀나무 아래에 앉아서 죽기를 간청했듯이(열왕상 19:4), 우리는 누구나 이처럼 주저앉게 되는 법입니다.

어렵고 힘든 상황에서 절망하면 힘을 잃고 주저앉게 되지만, 절망을 소망으로 바꾸려는 의지가 있다면 자기 스스로 일으켜 세울

수 있게 됩니다.

　아무리 울퉁불퉁한 땅이라도 평탄한 길을 원한다면 높은 곳은 낮아지게, 낮은 곳은 높게 만들면 됩니다. 자기 스스로 변화를 추구하려 하지 않고 다른 사람이 그 환경과 처지를 바꾸어 주길 바란다면 자기 자신의 삶에 어떤 도움도 되지 않습니다.

　팬데믹 사태 속에서 점점 움츠러들 수밖에 없는 삶이지만, 사람은 더불어 살아가는 존재임을 잊지 말아야 합니다. 더불어 화평을 이루며 거룩함을 따르는 일은 나 스스로 해야 하는 일임을 잊지 마십시오.

실제로 걸어가는 길

예수께서는 죽음을 물리치고 부활하심으로 영원한 생명을 얻는
길을 보여 주셨을 뿐 아니라 어떻게 그 길을 갈 수 있는가 그 방법
을 가르쳐 주신 분이라고 다윗은 시 16:8에 말하고 있습니다.

여기서 우리가 좀 더 살펴보아야 할 것은 생명의 길이란 바라봄
에서 더 나아가 실제로 걸어갈 때 비로소 얻어집니다.

"내가 곧 길이요, 진리요, 생명이니 나로 말미암지 않고는 아버
지께로 올 자가 없다"(요 14:6). 예수님의 말씀은 다시 살아남의 삶
을 따라 철저하게 생명이신 예수를 따라 살아가야 한다는 의미입
니다.

부활의 예수와 동행하면 매 순간 다시 살아남을 체험할 수 있습
니다. 씨앗 한 알을 땅에 심으면 심는 대로 다시 살아남의 은총이
주어지듯이 우리의 삶에 심고, 자라고 열매를 맺어 나누게 되면
백배도 넘는 다시 살아남의 은총을 맛볼 수 있습니다.

생명의 길은 아무리 험준할지라도 기쁘고 즐겁게 노래하며 가는 길입니다. 진정으로 예수와 동행하는 사람이라면 이제 나는 주님의 새 생명 얻은 몸이라는 확신을 가지고 기쁨의 노래를 불러 보십시오(찬 436장).

예수로 말미암아 새 생명을 얻은 몸이라면 옛것은 다 버리고 새사람으로 영생을 누리며 오늘도 내일도 주님과 함께 사는 것을 누리셔야 합니다.

구한다는 것이 무엇인가?

누가복음 Luke 11:9-13

구하는 이마다 받을 것이요 찾는 이는 찾아낼 것이요; 두드리는 이에게는 열릴 것이니라(10)

For everyone who asks receives; he who seeks finds; he who seeks finds; and to him who knocks, the door will be opened.

....

제자들이 기도를 가르쳐 달라 할 정도로 예수께서는 늘 기도의 모범을 보이신 분입니다. 그리고 가르쳐 주신 것이 '주기도문'인데(눅 11:1-4), 누구에게 구하는 것인지, 무엇을 구하는 것인지, 찾는 것과 문을 두드린다는 것이 무슨 뜻인지를 알려 주십니다.

먼저 하나님의 나라와 그의 의를 구하는 것입니다. 사람이 살아가 는데 무엇보다도 필요한 일용할 양식과 하나님과 관계 회복은 죄 사함으로부터 시작됩니다. 사람과 사람 사이에도 나에게 아픔과 상처를 준 사람을 내가 먼저 용서함으로 하나님께 죄 사함을 간구할 수 있음을 알려 주신 것입니다.

하나님나라와 그의 의를 구하는 것은 반드시 이루어 주실 것을 믿는 마음으로 적극적으로 구하고 구한 것을 발견하기 위하여 온 힘을 다하고 열심을 다하여 찾는 것입니다. 마치 목자가 99마리의 양떼를 놔두고 잃어버린 한 마리의 양을 찾아 온 산야를 헤매고 다니듯 찾아 나서는 것입니다(마 18:12).

한 드라크마를 잃었을 때 더 많은 돈을 들여서까지 찾는 간절함으로 찾는 것입니다(마 15:8). 기도는 그러한 것입니다.

예레미야 선지자가 전한 말씀대로, "너희가 전심으로 나를 찾고 찾으면 나를 만나리라"(렘 29:13). 간절히 기도하고 찾고 두드리는 사람이어야 성령을 주시지 않겠느냐고 묻고 계심을 잊지 말아야 합니다.

평안하고 싶은가?

시편 Psalms 4:6-8
내가 평안히 눕고 자기도 하리니 나를 안전히 살게 하시는 이는 오직 여
호와이시니이다
I will lie down and sleep in peace, for you alone, O LORD,
make me dwell in safety.
....

마음에 분노가 일고 불편한 감정이 있을 때, 아무리 잠을 청한
다 해도 평안히 잠들 수 있겠는지요? 다윗은 사랑하는 아들 압살
롬이 반란을 일으켜 왕궁에서 피신하여 목숨까지도 위태로운 지
경인데 하나님께 대한 믿음으로 체험되는 평안과 기쁨에 대한 감
사 찬양을 드리며 평안히 눕고 자기도 하리니 자신의 안전한 삶은
오직 하나님께 있다고 고백을 합니다.

대단한 믿음의 소유자가 아닐 수 없습니다. 그러나 아무리 믿음
의 사람이라 할지라도 사람들은 뒤에서 수군대며 비아냥거리고
하나님께서 이제는 왕을 버리셨나보다는 소리를 들을 때, 다윗에
게는 크나큰 아픔이고 상처가 아닐 수 없었을 것입니다.

그래서 주의 얼굴을 우리에게 비춰 달라 간절한 마음으로 간구
와 기도를 드리게 됩니다. 그러면서 점점 하나님께서 주시는 평안
함이 찾아옵니다. 하나님께 대한 절대적 신뢰 가운데 나를 안전히

거하게 하시는 이는 오직 여호와 하나님이시다 노래하게 됩니다.

평상시에 어떤 믿음을 지니고 있느냐에 따라 위급 상황을 대처하는 능력이 달라질 수밖에 없습니다. 내가 정말 하나님의 사랑 안에 머물고 있는가? 나는 과연 하나님이 기뻐하시는 삶을 살고 있는가? 하나님께 대한 굳건한 신뢰가 있을 때, 다윗처럼 마음의 평강을 얻을 수 있습니다.

Shalom!

종교적 또는 영적인 믿음을 가진 사람들은 위기나 위급한 상황에 처했을 때 그러한 믿음에 의지하는 것이 일반적입니다. 많은 사람들이 더 높은 힘이 자신을 지켜보고 있으며 어려운 시기를 인도하고 있다는 믿음에서 위안을 얻습니다. 이러한 믿음은 불확실한 상황에서도 평화와 안정감을 줄 수 있습니다. 또한 강한 믿음은 일상생활의 어려움과 좌절에 대처하는 데도 도움이 됩니다. 더 큰 목적이나 계획을 믿으면 사람들은 긍정적인 시각을 유지하고 어려운 시기를 인내하는 것이 더 쉬워질 수 있습니다.

지혜라는 것

잠언 Proverbs 4:8-9

그를 높이라 그리하면 그가 너를 높이 들리라. 만일 그를 품으면 그가 너를 영화롭게 하리라(8).

Esteem her, and she will exalt you; embrace her, and she will honor you.

....

지혜가 제일이니 지혜를 얻으라. 그를 높이라는 것은 지혜를 높일 경우 여러가지 유익들이 있으리라는 말입니다. 지혜를 존중할 뿐 아니라 지혜의 가르침에 대하여 높은 가치를 부여하라는 말입니다.

지혜롭게 살아가면 사람들로부터 존경을 받게 됩니다. 아버지 다윗으로부터 이런 교훈을 듣고 자란 솔로몬은 어린 나이에 왕위에 오른 후에 선악을 분별할 수 있는 분별력, 즉 지혜를 구하게 됩니다.

지혜를 구하므로 하나님께서는 부귀와 영광도 그에게 선물로 주셨습니다(열왕기상 3장). 지식은 배움에서 오는 것이지만, 지혜는 하나님께 간구함으로 주시는 것이라는 것을 야고보는 그의 서신서에서 이렇게 말합니다(1:5-6).

"너희 중에 누구든지 지혜가 부족하거든 모든 사람에게 후히 주시고 꾸짖지 아니 하시는 하나님께 구하라. 그리하면 주시리라."
(4)

그런데 지혜를 얻기 위하여 드리는 간구함은 "오직 믿음으로 구하고 조금도 의심하지 말라"는 것입니다.

주님, 매일 매일의 삶속에서 시대를 분별할 줄 아는 지혜를 주소서. 행동하는 신앙인으로 이 시대를 살게 하소서.

Shalom!

지혜는 성경에서 두드러진 주제입니다. 기독교인의 마음은 하나님을 모든 현상 배후의 최고이자 궁극적 실재로 인정합니다. 성경의 하나님 중심성(하나님을 창조주, 유지자, 주, 구원자, 아버지, 심판자로 인정하는 것)은 기독교 정신의 기본입니다.

그리스도인의 마음은 경건한 마음입니다. 성경적 견해는 선함은 첫째로 경건함이라는 것입니다. 왜냐하면 크고 첫째 되는 계명은 우리의 모든 존재를 다 하여 주 우리 하나님과 이웃을 사랑하는 것이기 때문입니다(마 12:33). 이것은 진정한 지혜를 의미합니다.

고난 속에서 희망을

베드로전서 1 Peter 4:12-14
오히려 너희가 그리스도의 고난에 참여하는 것으로 즐거워하라. 이는 그의 영광을 나타내실 때에 너희로 즐거워하고 기뻐하게 하려 함이라(13).
But rejoice that you participate in the sufferings of Christ, so that you may be overjoyed when his glory is revealed.

....

만약 그리스도를 믿는 믿음 때문에 시련을 겪고 있다면, 그것은 단순한 시련이 아니라, 신앙적인 성숙과 성장을 위해 꼭 필요한 연단을 받는 것이라 말할 수 있습니다.

예수 그리스도의 고난이 죄인을 구원하시려는 하나님의 뜻을 이루는 일이었다면 우리가 그리스도의 고난에 참여하는 것은 하나님의 뜻을 이루는 일이기에 하나님께서 기뻐하시는 일입니다.

그러므로 이런 사실을 잘 받아들이면 고난 속에서도 신앙의 연단과 성숙해지는 계기가 되므로 믿음의 사람들은 기쁨과 감사한 마음을 지니고 묵묵히 그 길을 걸어갈 수 있게 됩니다.

예수의 십자가 고난만 바라보지 말고 십자가 너머의 하나님의 영광을 바라볼 수 있어야 합니다. 예수 믿는다는 것이 참된 평화를 위함이라면 평화를 만들어 가기 위해 치열하게 한 세상을 살아가야 합니다.

모두에게 유익한 세상이 되게 한다는 것은 나의 삶은 숨이 턱까지 차도록 움직여야 가능한 것입니다. 예수의 삶과 그가 걸었던 고난의 길은 고난 속에서 희망을 바라본 길이었기 때문입니다.

서로 유익해야

고린도전서1 Corinthians 10:23-24

모든 것이 가하나 모든 것이 유익한 것은 아니요, 모든 것이 가하나 모든 것이 덕을 세우는 것은 아니니, 누구든지 자기의 유익을 구하지 말고 남의 유익을 구하라

"Everything is permissible"--but not everything is beneficial. "Everything is permissible"--but not everything is constructive. Nobody should seek his own good, but the good of others.

....

　그리스도인들의 자유 의식에 대하여 말합니다. 무엇이든 할 수 있는 자유가 있다고 해서 그것이 다 유익함이 아니며, 또 그것이 다 덕을 세우는 것도 아니기 때문에 누구든지 자기 유익을 구하지 말고 남의 유익을 생각해야 한다고 권면합니다.

　'모든 것을 할 수 있다'는 말에는 그것이 '자유'인가 아니면 '방종'인가를 생각해야 합니다. 다른 사람을 배려하지 않고 자기 유익만을 구하는 것은 자유가 아니라 방종입니다.

　어려움에 처한 이웃을 배려하고 삶의 자리에서 늘 함께 하는 것이 진정한 자유라 할 수 있습니다. 무엇이든지 결단을 하고 행동에 옮기는 것은 다른 사람의 몫이 아니라 바로 나 자신이 하는 일입니다. 그러나 이 결정이 나의 유익함에서 한 걸음 더 나아가 다

른 사람들에게도 유익한 것인가를 생각하고 행동에 옮기는 사람이 진정한 자유인이라 할 수 있습니다.

나의 자유함이 다른 사람을 아프게 하는 것이 아니라 유익하게 하는 삶이 되어야 합니다.

Shalom!

하나님은 삶의 모든 우발적 상황, 모든 선택, 좋은 것, 나쁜 것, 무관심한 모든 것을 취하셔서 궁극적으로 선한 목적을 위해 함께 엮으십니다. 그것이 구원으로 부르심을 받은 자들에게 하나님께서 주시는 약속입니다. 모든 고통, 유혹, 시련, 심지어 모든 죄까지도 하나님은 궁극적으로 당신의 유익을 위한 열린 마음으로 함께 일하십니다.

그리스도인에게 무엇이 복인가?

시편 Psalms 119:97

내가 주의 법을 어찌 그리 사랑하는지요! 내가 그것을 종일 작은 소리로
읊조리나이다

Oh, how I love your law! I meditate on it all day long.

....

신 구약 성경 제일 중앙에 자리를 차지한 시편 119편은 인생에서 무엇이 복인가, 바로 하나님의 말씀에 따라 사는 것이라 합니다.

하나님의 말씀을 법, 법도, 율례, 계명, 규례, 말씀, 증거라는 용어로 표현합니다. 주의 법은 하나님의 말씀인데, 왜 하나님의 말씀을 사랑하느냐 하면 행실을 깨끗하게 하기 위하여 주의 말씀을 마음에 두었고(9), 범죄하지 않기 위하여(11), 탐욕스런 마음으로 살지 않기 위하여(36), 말씀으로 구원의 은총에 이루기 위하여(41), 명철한 지혜와 지식을 원하여(66), 피곤한 영혼이 말씀으로 안식을 얻기 위하여(81), 주의 말씀을 사랑한다 합니다.

하나님의 말씀이 얼마나 삶에 중요했으면, 하루 종일, 자나 깨나 그 말씀을 되새긴다 하겠습니까? 말씀을 마음에 새기고 또 새기며 말씀을 묵상한다는 의미인 것입니다.

마음과 생각에서 하나님의 말씀을 벗어나지 않게 하여 철저하

게 말씀으로 충만한 삶을 살아가는 것입니다. 말씀을 사랑한다는 것은 말씀을 깊게 묵상하고 연구하는 것입니다.

하나님의 말씀을 사랑한다면, 진심으로 말씀을 묵상하십시오. 더욱 말씀을 사랑하게 될 것입니다. 거짓을 미워하고 진실되게 살려고 몸부림치며 살려고 애쓰는 것이 바로 복입니다.

Shalom!

하나님께서는 우리의 피난처시요 힘이시니 환난 중에 만날 큰 도움이시라. 우리는 모두 섬기는 영들이 아니냐? 그러나 하나님께서는 그의 풍성한 대로 너희의 모든 필요를 채우실 것이니라. 하나님께서 그 얼굴을 네게 비추시고 은혜를 베푸시며, 너를 꼬리가 아닌 머리로 삼으시리라.

구원의 은총을 누리며 살아야

에베소서 Ephesians 1:7-10

우리는 그리스도 안에서 그의 은혜의 풍성함을 따라 그의 피로 말미암아 속량 곧 죄 사함을 받았느니라(7).

In him we have redemption through his blood, the forgiveness of sins, in accordance with the riches of God's grace

....

예수 그리스도의 구속의 은혜는 죄 사함을 받았다는 뜻입니다. 마치 노예 신분이었던 히브리 민족이 하나님의 은혜로 말미암아 출애굽을 하게 되므로 노예 신분에서 벗어나 자유인이 된 것과 같은 뜻입니다.

구속이라는 말은 '자유', '구원', '풀어줌'과 같은 의미입니다. 죄 사함은 우리를 위하여 예수께서 십자가 위에서 흘리신 피흘림으로 죄와 사망의 세력으로부터 생명으로 이끌어 주신 그분의 은총입니다.

죄 사함을 받았다는 것은 이미 구원, 즉 자유자가 되었다는 말입니다. 그러므로 구원은 현재적인 것이며, 또한 미래적인 것임을 알 수 있습니다.

죽어서 가는 하나님의 나라 이전에 구속함의 은혜를 누리며 사는 하나님나라의 삶을 살아가야 합니다. 예수님과 동행하는 삶으로 슬픔 많은 이 세상도 천국으로 바꾸어지는 은총이 느껴져야 합니다(통 495장).

하나님의 나라는 회개하고 죄 사함을 받은 자가 들어갈 수 있는 나라입니다(마 3:2). 그러므로 생명이 있는 한 구속함 받은 자로 하나님나라를 맛보며 사는 것이 복입니다.

주를 경외한다는 것

시편 Psalms 145:19-21

그는 자기를 경외하는 자들의 소원을 이루시며 또 그들의 부르짖음을 들으사 구원하시리로다(19).

He fulfills the desires of those who fear him; he hears their cry and saves them.

....

시편 145편 시인에게 하나님은 "은혜로우시며 긍휼이 많으시며 노하기를 더디 하시며 인자하심이 크신 분"입니다(8절).

이런 고백은 하나님을 경외하는 자의 깊은 감동에서 나오는 고백인 것이며, 하나님을 경외하기에 나의 기도와 간구를 들어 주시는 분이라는 믿음을 가지게 되는 것입니다. 하나님을 경외한다는 것은 그분 앞에 두렵고 떨림으로 서는 것이고 그분의 뜻을 따라 실천적인 삶을 살아가는 것입니다.

징계를 받을까 두려운 마음으로 신을 섬긴다면 그것만큼 불행한 일도 없을 것입니다. 인간 관계속에서도 사랑과 긍휼의 마음으로 함께 하는 것과 힘이나 권력이나 돈으로 상하 관계가 형성된다면, 그것만큼 불행한 것도 없을 것입니다.

내 마음 깊은 곳에 어떤 신앙고백이 있느냐에 따라서 하나님을 섬기는 삶이 다를 수밖에 없습니다. "여호와는 나의 목자시니 내게 부족함이 없으리로다. 내가 비록 죽음의 골짜기를 헤맬지라도 두려워하지 않을 것은 주께서 나와 함께 계시기 때문이라"(시 23편) 신앙고백을 했듯이, 이 시대를 살아가는 오늘 우리의 삶의 자리에서 나는 어떤 신앙고백을 하느냐에 따라 주를 경외하고 높이며 영원히 주의 이름을 송축하는 삶이 될 것입니다.

따뜻한 말 한마디

잠언 Proverbs 15:1-4
온순한 혀는 곧 생명나무이지만 패역한 혀는 마음을 상하게 하느니라
(4).
The tongue that brings healing is a tree of life, but a deceitful
tongue crushes the spirit.
....

새번역본으로 말씀을 보면 이 말씀이 더 쉽게 이해가 됩니다.
"따뜻한 말은 생명나무와 같지만, 가시돋힌 말은 마음을 상하게
한다"(새번역).

즉, 온순한 혀는 (따뜻한 말) 성질이 온화하고 선량함을 말합니
다. 따뜻한 말 한마디는 남의 아픈 마음을 치료하고 고쳐주는 약
이 될 수 있기에 잠언 기자는 이를 '생명나무'란 표현을 썼습니
다.

창조 당시 사람을 위하여 하나님이 창조하신 에덴동산의 생명
나무처럼 그것은 생명력, 즉 영생의 삶, 따뜻한 말 한마디는 다른
사람의 상처를 치료해 주는 위로의 말이 됩니다.

따뜻한 위로의 말이 치유가 일어나고 상처받아 죽어가는 사람
에게 하나님의 구원 섭리가 일어나게 됩니다. 상대적으로 패역한
혀 (가시돋힌 말)은 성질이 거칠고 사나워서 다른 사람의 마음을

파괴하고 상하게 하고 깨뜨리게 하여 영혼을 파괴시키게 됩니다.

한마디 패역한 말로 인해 상처받은 마음은 쉽게 아물지 않습니다. 그러므로 위로와 용기를 주는 언어 습관이 믿는 사람에게는 매우 필요합니다.

Shalom!

'사랑'을 '따뜻한 마음을 갖는 것'과 동일시 하는 경향이 있습니다. 그러나 예수님의 가르침은 사랑을 적극적으로 정의합니다. 사랑을 보여주는 것은 어떤 사람에 대해 어떻게 느끼는가가 아니라 그 사람을 위해 무엇을 하느냐 입니다. 성경의 명령은 사랑을 느끼는 것이 아니라 사랑을 행하라는 것입니다. 비슷한 방식으로 저주의 시편은 우리가 분노를 느낄 때 화를 내지 않도록 도와줍니다.

▲들꽃 피는 마을

-늘 더불어 살아가기를 꿈꾸며

지금까지도 나에게는 굶주림이 있다. 나의 굶주림은 배고픔 때문이 아니다. 물론 한국 전쟁통에 태어나 황해도 옹진에서 인천으로 피난 내려와 살던 어린 시절에는 배고픈 굶주림도 없지 않아 있었다. 그러나 나의 굶주림은 배우지 못한 것에 대한 굶주림이었다. 많은 곳을 다녀보지 못한 만남에 대한 굶주림이다. 사람에 대한 굶주림이라서 농담도 진담으로 받아들이는 바보 같은 모습이 아직도 있다. 주님이 나에게 주신 은총을 나눠야 한다는 굶주림이 나에게 있다.

참 많은 굶주림이 있었다. 어린 시절 가난 때문에 친구들과 추억을 쌓을 수 있는 수학여행 한 번 가지 못했었다. 다른 형제들은 다 도시에 나가 학교를 다녔는데, 나는 중학교를 졸업할 때까지 농촌을 벗어나질 못했다. 그러나 그것이 나에게는 은총의 시간이었음을 고백한다. 가지려 하는 것보다 나누려 했고, 제대로 배우지 못한 굶주림 때문에 책과 더불어 살았으며 만남의 굶주림 때문에 여행을 좋아하게 되었으니 이 얼마나 큰 축복인지 모르겠다.

서울에 올라와서야 새롭게 넓은 세상에 눈을 떴고, 후배들에게는 우물 안 개구리가 아니라 넓은 세상에서 마음껏 활동하며 살아갈 수 있도록 길을 안내해 줘야 한다는 다짐을 했다. 이 꿈이 이루어진 것은 군에서 제대한 후였다.

7년 후배들과 대학생활을 같이했다. 그리고 고향 교회에서는 아이들의 지도교사가 되었다. 후에 직장생활을 하던 중에도 열심히 아이들과 삶을 함께했다.

그동안에 시골 교회지만, 도시 교회 못지않게 많이 부흥되어 25인승 버스가 새로 생겼다. 결혼을 하고 신혼여행시에도 아이들과 함께했다. 부산으로 내려가 동해안을 따라 포항, 경주, 묵호, 강릉, 설악산으로 해서 춘천을 거쳐 서울, 그리고 군자로 돌아오는 코스였다. 내가 다니지 못했던 세상 구경을 내가 가르치는 아이들과 함께했다.

그때부터 나는 두 가지 여행을 끊임없이 하고 있다. 자동차 여행을 통하여 자연과 역사와 사람을 만나는 것이며, 성경말씀과 일반 서적을 통하여 내면을 향한 여정을 하는 것이다.

미국에서도 자동차를 몰고 40개가 넘는 주를 둘러보았다. 목적지를 향하여 가는 동안 그 과정을 중요시 하다 보니 가는 곳마다 새로운 만남을 통하여 많은 것을 배우게 된다. 성경과 일반 서적을 통하여 하는 내면을 향한 여정은 또 다른 세계, 또 다른 스승과 벗들을 만나게 된다. 얼마나 큰 유익함인지 모르겠다. 나는 아직도 책에 대한 굶주림이 많은 편이다.

재미난 에피소드가 있다. 신학생 시절에 서울 세종문화회관에서 전국교회 합창 경연대회가 있었다. 학생 성가대를 이끌고 있었기에 아이들을 데리고 비싼 입장료를 내고 2층 방청석에서 유명한 합창단의 연주를 직접 듣던 중, 아이들을 보니까 다 피곤해서 인지 끄덕끄덕 졸고 앉아 있었다. '아니 이 녀석들이 얼마짜리 티켓을 사가지고 들어왔는데, 정신차려 듣지 못하고 졸고 있다니', 화가 났다. 그러나 아무리 귀한 것이라도 관심 밖이라면 그것이 도움이 전혀 안된다는 것을 깨달았다.

그리고 며칠 후 서울 광희문교회에 고등부 문학의 밤에 아이들과 참여를 했다. 처음부터 끝나는 시간까지 아이들은 눈을 초롱초롱하게 뜨고 온몸으로 함께 즐거워하고 있었다.

우리 아이들은 한 사람, 한 사람이 원석 같은 보배들이었다. 갈고 닦을수록 빛이 났다. 샘물을 퍼낼수록 솟아나듯, 나누고 베풀수록 끝없이 솟아나는 샘물이 되어 더 많은 것으로 나눌 수 있게 되었다.

수십 년이 흐른 지금도 [군자 OB]라는 이름으로 모임을 이어가고 있다. 방방곡곡에서, 아니 외국에 나가서도 나름대로 사명을 감당하며 살아가고 있다. 나는 그들이 큰 자부심이다. 고국 방문을 할 때마다 흩어져 있던 후배들이 함께 모임을 가진다. 나는 그들에게 예수님의 말씀을 전해 주곤 한다.

주라 그리하면 너희에게 줄 것이니 곧 후히 되어 누르고 흔들어 넘치도록 하여 너희에게 안겨 주리라 너희가 헤아리는 그 헤아림으로 너희도 헤아림을 도로 받을 것이니라(눅 6:38).

지니고 있는 모든 것으로 그것이 재물이든 능력이든, 아니면 배움이든 은사이든 나누게 되면, 더 풍성한 것으로 나눌 수 있게 됨을 체험담으로 전하곤 한다.

얼마 전에는 그렇게 함께 자라났던 이 중에 기독교대한감리회 평신도국 총무가 된 문영배 장로가 있다. 그는 '평신도가 살아야 교회가 살고 세상에 변화가 온다'는 것을 누구보다도 먼저 체험했던 사람이다. 군자 OB가 무척이나 자랑스럽다.

Chapter 4
사순절 묵상

사순절에 Sanctuary Cove Labyrinth에서

사순절(Season of Lent)은 예수 그리스도의 수난과 죽음을 묵상하면서 경건 훈련을 하며 그리스도의 부활을 기다리는 계절입니다.

사순절은 재의 수요일(성회 수요일- Ash Wednesday)로부터 시작하여 부활주일 전날까지 평일만 40일과 여섯 번의 주일을 합해서 46일간 지켜집니다. 사순절의 마지막 한 주간을 주님의 고난 받으심을 기억하며 고난주간 혹은 성주간(Holy Week)으로 지키게 됩니다.

우리는 사순절을 통하여 자기를 부정하고 십자가를 지고 주님의 뒤를 따르는 제자의 삶을 살아가게 됩니다. 이 시기에 좀 더 근검 절약하고 절제하며 실천하는 삶을 살아야 합니다.

생각과 마음을 바꾸어야

시편 Psalms 51:10-13

하나님이여 내 속에 정한 마음을 창조하시고 내 안에 정직한 영을 새롭게 하소서(10).

Create in me a pure heart, O God, and renew a steadfast spirit within me.

....

사람은 흙에서 왔다가 흙으로 돌아갈 존재입니다(창 3:19). 죽음을 상징하는 재로 이마에 십자가 성호를 긋고, 교만한 삶을 낮추고 참되게 살아가기로 마음의 결단을 하는 예배를 드리며 사순절을 맞이합니다.

사순절은 죄를 회개하고 용서받는 절기입니다. 욥이 티끌과 재 위에 앉아 회개했듯이(욥 42:16), 니느웨 백성들로부터 왕에게 이르기까지 베옷을 입고 잿더미 위에 앉아 회개했듯이(요나 3:6), 새로운 삶을 진심으로 원한다면 진심으로 죄를 회개하고 용서받는 아침이어야 합니다.

회개라는 희랍어는 '메타노이아'입니다. 잘못된 생각을 바꾸고, 마음을 바꾸는 것이 회개입니다. 진정으로 내 안에 정직한 영을 새롭게 하지 않고서는 생각이나 마음을 바꿀 수가 없습니다.

주의 성령이 내 안에서 역사하셔서 내 마음을 움직여 주셔야 내 자신을 살피게 되고 내 죄를 구속해 주신 예수 그리스도의 은혜를 받아들이게 됩니다.

회개는 그리스도인으로 새롭게 거듭난 사람으로 살아갈 수 있는 계기를 만들어 줍니다. 사순절 기간 동안 시편 51편을 가지고 기도하려 합니다. 진정한 회개만이 주님이 주시는 구원의 즐거움을 회복시킬 수 있고 자원하는 심령으로 일을 할 수 있게 해 줍니다(11-12절).

생각과 마음의 바꿈만이 예수를 따를 수 있는 능력을 힘입게 됩니다.

Shalom!

사순절은 재의 수요일에 시작하여 고난주간의 마지막인 성토요일에 마칩니다. 사순절 기간에 있는 여섯 주일은 '사순절에 속한 주일(Sunday of Lent)'이 아니라 '사순절 기간에 있는 주일(Sundays in Lent)'입니다. 사순절 기간의 주일은 사순절의 엄숙함이 완화되고, 부활의 기대를 품은 '작은 부활절'로 지킵니다.

사순절은 기독교인들이 하나님과 더 가까워지기 위해 절제하는 생활, 기도, 금식에 초점을 두는 교회력의 한 절기입니다.

사순절은 다가올 부활절을 대비하여 회개하고, 금식하며, 준비하는 시간입니다. 또 자신의 신앙을 검토하고 성찰하는 시간이기도 합니다. 새 신자의 세례를 위해 금식하고 준비하는 기간의 출발점이었던 초대 교회의 사순절은 점차 모든 그리스도인이 참회하는 기간으로 바뀌었습니다.

판단은 우리의 몫

창세기 Genesis 9:1-7
너희는 생육하고 번성하며 땅에 가득하여 그 중에서 번성하라 하셨더라
(7).
As for you, be fruitful and increase in number; multiply on the
earth and increase upon it.

....

노아의 홍수 이후에 하나님께서는 다시금 살아남은 자들에게
복을 주십니다. "생육하고 번성하여 땅에 가득하라"고 말입니다.
창 1:28-29, 8:17절에 이어 세 번째 하시는 말씀입니다.

이 이야기 중에 앞부분과 다른 것은 노아의 홍수 이후에 와서야
동물들을 채소처럼 먹을거리로 허락하셨다는 점입니다. 그리고
또 한 가지 처음 세상(1장)과 달라진 것은 "땅을 정복하라"(1:28b)
는 말이 없다는 것입니다.

창세기는 이스라엘의 원역사이고, 바벨론 포로기 이후에 쓰여
진 책입니다. 바벨론에 의하여 나라가 정복당하고 포로로 잡혀갔
다 온 사람들이었기에 정복하고 정복당한다는 것이 무슨 의미인
지 철저하게 가슴에 품게 되었을 것입니다.

그 경험 속에서 원역사를 기록하며 어떤 변화가 있었을까를 생
각해 보게 됩니다. 오늘 우리는 이 시대를 살아가며 이 말씀을 어

떻게 읽고 받아들여야 하는가?

성경말씀이기에 여전이 생육하고 번성하고 땅을 정복하고 파괴하는 일에 앞장서야 하는가, 아니면 하나님이 주신 이 땅을 잘 관리하며 생태계 문제를 해결하고 기후 온난화 문제를 해결해 보려 애써야 하는가?

진정 이 땅에서 생육하고 번성해야 하는 것이 인간에게만 주어진 은총인가, 아니면 모든 생태계가 함께 살아갈 수 있는 지구를 만들어야 하는 일인가? 판단은 우리의 몫입니다.

긍휼하심과 인자하심으로

시편 Psalms 25:4-7
여호와여 주의 긍휼하심과 인자하심이 영원부터 있었사오니 주여 이것
들을 기억하옵소서
Remember, O LORD, your great mercy and love, for they are
from of old.

....

거짓된 삶이 아닌 정직하고 신실한 삶, 악에 치우치지 않는 선
한 삶, 주의 도를 깨우쳐야 가능한 일이기에 주의 긍휼과 인자하
심으로 나를 기억해 달라 간구합니다.

주의 긍휼하심이란 히브리어는 '라함'이란 말인데, '사랑스러운
눈빛으로 바라보다'는 뜻이기도 하지만, '라함'은 원래 여자의 '자
궁'을 의미하기도 합니다. 그런데 이 단어가 '하나님의 긍휼하심'
을 나타내는 말에 쓰인 것은 여자의 자궁이 태아의 나약한 생명을
보호하고 성장하는 곳이며 생명을 탄생시키는 곳이기 때문입니
다.

하나님의 긍휼하심은 나약한 인간을 돌보시고 보호하시며 생명
을 공급하신다는 의미입니다. 인자하심은 히브리어로 '헤쎄드'라
고 하는데 인간을 향하신 하나님의 조건 없는 사랑을 뜻합니다.

사순절을 맞이한 우리의 삶은 하나님의 크신 사랑으로 긍휼하

심을 베풀며 사는 삶이 되어야 합니다. 어머니의 자궁을 우주에 비유하는 것처럼 모든 생명을 품어내는 어머니의 사랑과 긍휼함으로 십자가의 길을 따르며 살아갔으면 좋겠습니다.

생명을 살리기 위하여

베드로전서1 Peter 3:18-20
방주에서 물로 말미암아 구원을 얻은 자가 몇 명뿐이니 겨우 여덟 명이라(20b).
In it only a few people, eight in all, were saved through water,
....

선악을 분별하지 못하는 사람이 12만 명이 넘고 수많은 가축도 있는 이 큰 니느웨성을 내가 불쌍히 여기는 것이 옳지 않느냐?(요나 4:11) 요나에게 하시던 하나님의 말씀이 기억이 납니다.

육으로는 죽임을 당하시고 영으로는 살리심을 받으셨던 예수께서는 육체가 죽어 무덤에 머무르시는 동안에 영으로는 옥에 있는 영들에게 복음을 전파하셨다는 것이 해석하기 참 난해한 점이 있습니다.

누가복음 16:19절 이하의 가난한 나사로와 부자에 관한 이야기를 통해서 이미 죽은 영혼에게 복음을 전파할 수 없다는 것을 알 수 있기 때문입니다. 그러나 카톨릭에서는 사후에 연옥에 있는 영혼들의 구원을 얻을 기회가 있다고 이 구절을 통해서 가르치고 있습니다.

그렇기 때문에 성경에 있는 말씀을 그냥 그대로 본다면 하나님의 긍휼하심과 인자하심을 볼 수가 있게 됩니다. 하나님께서는 그 어떤 누구도 멸망치 않고 회개하기를 원하고 계십니다(벧후 3:9). 죽은 영혼들에게 복음을 전하셨다고 하는 것은 육체로는 사람으로 심판을 받으나 영으로는 하나님을 따라 살게 하려 함이라(벧전 4:6)는 말씀을 우리는 놓쳐서는 안 될 것 같습니다.

주님의 긍휼하심과 인자하심을 찬양합니다.

Shalom!

나는 내가 새롭다는 것을 알지만 오래된 습관, 오래된 원한, 오래된 사고 방식을 너무나 쉽게 받아들이고 있습니다. 오늘 주님을 향하여 내가 하는 말과 생각과 즐거움으로 이 생명의 새로움 가운데 걸을 수 있게 하소서.

흠 없이 살아보려 애써야

창세기 Genesis 17:1-7
아브람이 구십구 세 때에 여호와께서 아브람에게 나타나서 그에게 이르시되 나는 전능한 하나님이라 너는 내 앞에서 행하여 완전하라(1).
When Abram was ninety-nine years old, the LORD appeared to him and said, "I am God Almighty; walk before me and be blameless."

....

"나는 전능한 하나님"이란 히브리어는 '엘 샤다이(El Shadai)'라고 하는데, 'El'은 '하나님', '강한 자', '전능한 자'라는 뜻이고, 'Shadai'는 '가슴' 혹은 '유방'이란 뜻입니다.

마치 배고픈 아기가 앙앙거리며 울게 되면, 엄마는 부끄러움도 없이 가슴을 풀어 헤치고 아기에게 젖을 물려 줍니다. 아기는 울음을 뚝 그치고 만족함으로 젖을 힘차게 빨아 배를 채우게 됩니다.

엄마처럼 모든 것을 충족하게 공급해 주시는 전능하신 하나님이 바로 '엘 샤다이'입니다. 아브라함은 75세 때에 너로 큰 민족을 이루게 해 주겠다는 하나님의 약속을 따라 하란을 떠나 가나안으로 향합니다(창 12장).

하늘의 별처럼, 땅의 모래알처럼 많은 자손을 주시겠다고 하셔서(창 15:4-5) 말씀에 의지하며 살아왔지만, 나이가 많아져 아내 사래도 출산하지 못하게 되었을 때, 하나님께 대한 신앙이 얼마나 흔들림이 많았으면 여종 하갈을 통하여 이스마엘을 얻게 되고 그를 후계자로 삼으려 했겠습니까?(창 16장).

하나님께서는 다시 한번 그에게 나타나셔서 "너는 내 앞에서 살아가며 말씀에 순종하며 믿음에 흠 없이 살아야 한다"고 하십니다.

사순절 여섯 번째 날 아침입니다. 흔들림 많은 삶이라 할지라도 말씀에 순종하며 그분 앞에서 흠 없이 살아보려고 애써야 합니다.

Shalom!

하나님은 아브라함의 후손이 "하늘의 별과 같고 바닷가의 모래와 같다"(창 22:17)고 약속하셨습니다. 놀라운 점은 아브라함의 후손은 그처럼 번성하였고 그 일은 하나님의 장엄한 명령 "빛이 있으라"는 창조 안에서 일어나는 역사의 연속이었습니다.

거듭나지 못한 인간의 마음을 어둡고 원시적인 혼돈 속에 있으나 "빛이 있으라"는 하나님의 창조적인 명령을 따르는 자는 번영을 누릴 것입니다.

하나님의 침묵을 느낄 때도

시편 Psalms 22:22-26

내가 주의 이름을 형제에게 선포하고 회중 가운데에서 주를 찬송하리이다(22).

I will declare your name to my brothers; in the congregation I will praise you.

....

아무리 울부짖어도 침묵 가운데 계신 하나님을 체험하면서 "내 아버지여, 내 아버지여, 어찌 나를 버리셨나이까? 어찌 나를 멀리하여 돕지 아니 하시며 내 신음 소리를 듣지 아니 하십니까? 낮에도 부르짖고 밤에도 부르짖어도 응답지 않으신다"(1-2) 한탄하며 시를 시작합니다.

이것은 십자가에서 운명하시며, "엘리엘리 라마 사박다니" "나의 하나님, 나의 하나님, 어찌하여 나를 버리셨나이까?"(막 15:34) 부르짖으며 하셨던 예수님의 기도입니다.

그런데 어떻게 시인은 주의 이름을 형제들에게 선포하고 회중들과 함께 주를 찬송하겠다 했을까요? 그는 자기 자신과 백성들의 삶을 살펴보았기 때문입니다.

주께서는 고통받는 사람의 아픔을 가볍게 여기지 않으심을 보았습니다(24). 그것은 조상 때부터 하나님을 믿었고, 그들이 부르짖을 때에 하나님께서는 구원해 주셔서 부끄러움 당하지 않게 해 주셨음을 되새기게 된 것입니다(4-5).

그래서 그는 다시 외칩니다. "나의 주님 나를 멀리하지 마시고 나의 힘이 되신 주께서 나를 도와주소서"(19). 그랬더니 주께서 내 기도를 들어 주셨다 고백합니다(21).

주의 이름을 부르는 모든 사람이 받을 수 있는 축복입니다. 하나님의 침묵을 느낄 때가 있습니다. 그러나 인내하고 참으며 하나님께 부르짖어야 합니다. 자신을 먼저 살펴야 할 것은 나에게 먼저 구원의 기쁨이 있어야 그 삶을 전하며 살아갈 수 있습니다.

바랄 수 없는 상황 속에서도

로마서 Romans 4:17-22

아브라함이 바랄 수 없는 중에 바라고 믿었으니 이는 네 후손이 이같으리라 하신 말씀대로 많은 민족의 조상이 되게 하려 하심이라

Against all hope, Abraham in hope believed and so became the father of many nations, just as it had been said to him, "So shall your offspring be."

....

아브라함이 믿음의 조상이라고 해서 삶의 흔들림이 없었던 것은 아닙니다. 로마서에서와는 달리 자녀를 주시겠다는 하나님의 약속이 늦어질 때, 많은 흔들림 속에 아내 사라의 권면으로 몸종 하갈을 둘째 부인으로 맞이하여 이스마엘을 낳아 후계자로 삼고자 했습니다(창 16장).

하나님께서는 다시 아브라함을 불러내 앞에서 순종하며 흠 없는 삶을 살라고 명하셨습니다(17장). 바랄 수 없는 환경과 조건 속에서도 바라며 끝내 아브라함과 사라 사이에서 태어난 이삭으로 이스라엘의 조상이 되게 합니다.

여기에서 우리가 깊게 살펴보아야 할 것은 아브라함의 바랄 수 없는 막막한 상태입니다. 아무리 하나님의 약속이라 하나 90세,

100세가 된 노인들이 어떻게 아기를 가질 수 있겠느냐는 것입니다.

이런 상황속에서 하나님께 대한 믿음이 소망을 가지게 된 것입니다. 믿음이라는 것은 신뢰함입니다. 하나님께서 우리와 약속하신 것을 신실하게 믿고 따르면 우리를 회복과 구원의 길로 인도해 주십니다.

이런 믿음이 "믿음으로 의롭다함을 받는다"는 기독교의 교리가 나오게 한 것입니다.

예수를 따른다는 것

마가복음 Mark 8:34-38

무리와 제자들을 불러 이르시되 누구든지 나를 따라오려거든 자기를 부인하고 자기 십자가를 지고 나를 따를 것이니라(34).

Then he called the crowd to him along with his disciples and said: "If anyone would come after me, he must deny himself and take up his cross and follow me".

....

예수를 따른다는 것은 저절로 되는 게 아니라 자신의 전 존재를 부인(내려놓음)하는 것이고, 또 하나는 자기 십자가를 지고 예수를 따르는 일입니다. 자기를 부인한다는 것은, 자기 자신의 바람이나 소원을 예수를 따르기 위해 내려놓고 포기하는 것입니다.

바울은 자기를 부인함에 있어 "나는 그리스도와 함께 십자가에 못 박혔나니 내가 사는 것은 내 안에 오직 그리스도께서 사시는 것이라"(갈 2:20)합니다.

그리고 내 십자가를 진다는 것은 자기 자신의 죄악된 본성을 내려놓고 예수와 함께 십자가에서 죽는 연습을 매일 하므로 해서 죽음에 대한 두려움에서 벗어나 예수와 함께 다시 살아감을 체험하는 것이라 할 수 있습니다.

예수를 따른다는 것은 "죽으면 죽으리라"던 에스더처럼 따름을 위하여 사생결단을 하는 일입니다. 실제로 예수의 제자들은 사도 요한만 제 수명을 다했고, 다 순교함으로써 영원히 살 수 있는 길을 갔습니다.

물론 가룻 사람은 제 스스로 제 길을 갔습니다. 천하를 얻으려 하다가 자기 의지와 무관하게 목숨을 잃는다면 과연 무슨 소용이 있겠습니까? 자기 목숨과 바꿀 수 있는 것은 아무것도 없습니다. 자신을 소중히 여기며 영원히 살 수 있는 길을 가야 합니다.

Shalom!

하나님은 그의 인자하심으로 예수 그리스도를 통하여 그의 영원한 영광에 참여하도록 여러분을 부르셨습니다. 그러므로 너희가 잠시 고난을 받은 후에 그가 너희를 회복하시고 붙드시고 강하게 하시며 너희를 견고한 터전 위에 세우시리라.

내가 무엇을 하리이까?

사도행전 Acts 22:1-11

내가 이르되 주님 무엇을 하리이까? 주께서 이르시되 일어나 다메섹으로 들어가라. 네가 해야 할 모든 것을 거기서 누가 이르리라 하시거늘(10). "'What shall I do, Lord?' I asked." 'Get up,' the Lord said, 'and go into Damascus. There you will be told all that you have been assigned to do.'

....

회개라는 것은 잘못을 깨닫는 것으로 끝나는 것이 아니라, 뉘우치고 자신이 해야 할 일을 새롭게 찾는 길입니다.

베드로 사도가 설교를 할 때 마음에 찔림을 받은 사람들이 "형제들이여 우리가 어떻게 해야 합니까?" 묻습니다(행 2:37). 바울과 실라가 빌립보 감옥에 갇혔을 때, 기도와 찬송 중에 지진이 나고 감옥 문이 열립니다. 그들이 도망친 줄로 알고 간수가 자결하려다가 도망치지 않은 것을 알고 "선생들이여, 내가 어떻게 하여야 구원을 얻을 수 있는가" 묻습니다(행 16:30).

자신의 삶이 잘못된 것을 깨닫고 뉘우쳤으면 자신이 어떻게 해야 할 일을 구해야 합니다. "주님 무엇을 하리이까?" 묻는 바울에게 예수께서는 "일어나 다메섹으로 들어가라 네가 해야 할 모든 것을 그곳에 있는 사람이 말해 줄 것"이라 하십니다.

주님께서는 직접 응답해 주시기도 하지만, 때로는 사람을 통하여 혹은 자연 속에서 우리에게 말씀해 주십니다.

사순절 기간 동안 경건한 생활을 통하여 내가 어떻게 해야 하겠습니까? 하나님의 말씀에 귀기울이는 삶이 필요할 때입니다.

행동하는 믿음

로마서 Romans 3:21-24

곧 예수 그리스도를 믿음으로 말미암아 모든 믿는 자에게 미치는 하나님의 의니 차별이 없느니라

This righteousness from God comes through faith in Jesus Christ to all who believe. There is no difference,

....

하나님의 의에 이르는 길은 한 가지뿐입니다. 예수를 그리스도로 믿는 길입니다. 이 세상에 어떤 누구도 스스로 의롭다 말할 수 있는 사람은 없습니다. 법을 집행하는 자들이 자기 스스로 법망을 빠져나가며 죄 없는 척해도 하나님 앞에 의로운 자는 아무도 없습니다.

행위를 통하여 의롭다 함을 얻는 것이 아니라 예수를 믿음으로 주어지는 것, 즉 '이신득의'(Justification by Faith)가 개신교 교리의 핵심이라 할 수 있습니다.

믿음을 통하여 얻어지는 의는 누구에게나 차별 없이 주어지는 보편적 은혜입니다. 믿음을 통해서 얻어지는 의는 율법을 폐하는 것이 아니라 오히려 세우는 일이 됩니다(롬 3:27-31).

그러나 종교개혁자들의 주장처럼, 믿음만으로 구원을 얻을 수

있는가? 행동하지 않는 믿음은 죽은 믿음이라 하는데(약 2:17)…

우리는 예수님의 말씀을 다시 한번 귀담아들어야 합니다. "나더러 주여 주여 하는 자마다 다 천국에 들어갈 것이 아니요 다만 하늘에 계신 내 아버지의 뜻대로 행하는 자라야 들어가리라"(마 7:21).

우리가 아무리 주의 이름으로 선지자 노릇을 하고 능력을 행한다 해도 "내가 너희를 도무지 알지 못한다" 하시면, 우리의 믿음 생활이라는 것이 무엇이 될까요?

Shalom!

마태복음 7장 21절은 단순히 '주님'이라고 부르는 것만으로는 천국에 들어갈 수 없다는 예수님의 경고입니다. 오히려 하늘에 계신 아버지의 뜻대로 행하는 자만이 그분의 왕국에 들어갈 수 있습니다. 다시 말해, 단순히 예수님을 믿는다고 선포하거나 기적을 행하거나 그분의 이름으로 예언하는 것만으로는 충분하지 않습니다. 이러한 행동은 좋을지 모르지만 하나님과의 진정한 관계를 입증하기에는 충분하지 않습니다. 참된 믿음은 하나님을 사랑하고 다른 사람을 사랑하는 등 하나님의 뜻에 순종하는 삶을 통해 입증됩니다.

종 되었던 곳에서

출애굽기 Exodus 20:1-17

하나님이 이 모든 말씀으로 말씀하여 이르시되 나는 너를 애굽 땅, 종 되었던 집에서 인도하여 낸 네 하나님 여호와니라(1-2).

And God spoke all these words: I am the LORD your God, who brought you out of Egypt, out of the land of slavery.

....

십계명은 전 후반부로 나뉘어 지는데 전반부 네 계명은 하나님과 관련된 것이고(3-11), 후반부는 사람끼리의 관련된 것입니다 (12-17).

오늘은 계명에 대한 설명보다는 어떤 상황 가운데서 하나님과 이스라엘 사이에 언약이 이루어졌는가에 초점을 맞추어보려 합니다.

언약(Covenant)이란 서로 독립된 주체들 간의 상호 계약(Contract)이라 할 수 있습니다. 그래서 언약을 맺는 당사자들 간의 이름을 쓰고, 왜 이런 언약을 맺었는가 하는 역사적 배경과 시점, 언약의 내용과 더불어 언약 위반 시 처벌 규정들이 기록되게 마련입니다.

새 언약을 말씀하시는 분은 하나님(엘로힘)이라 밝히고 있습니다. 절대적 전능자이신 엘로힘께서 이 법을 제정하시고 선포하시는 것입니다. 그리고 그 상대는 이스라엘 백성입니다.

이스라엘 백성은 애굽(이집트)의 노예 백성들이었고, 애굽은 이스라엘인들에게 학정과 압제의 장소였으며, 그곳은 그들이 우상(이방신)을 섬길 수밖에 없던 곳이었습니다.

애굽땅 종 되었던 집(빼트-요셉이 갇혔던 감옥- 창 39:21)은 자유를 빼앗긴 감옥, 절망의 장소였던 것입니다. 그곳에서 그들은 자유케 하시는 하나님을 만난 것입니다.

우리는 이 이야기 속에서 죄로 물든 우리의 삶에서 영원한 생명의 세계로 인도해 내신 하나님을 기억해야 합니다.

마음을 열어야

로마서 Romans 12:9-13

형제를 사랑하여 서로 우애하고 존경하기를 서로 먼저 하며 부지런하여
게으르지 말고 열심을 품고 주를 섬기라(10-11)

Be devoted to one another in brotherly love. Honor one another
above yourselves. Never be lacking in zeal, but keep your
spiritual fervor, serving the Lord.

....

사랑은 위선적이거나 가식적이지 않고 순수하고 진실해야 사람
의 마음을 감동시킬 수 있습니다. 사랑(아가페)의 특징은 악을 철저
하게 배제하고 선에 속하라는 적극적 명령입니다.

악을 멀리하면 선은 늘 가까이 다가옵니다. 희랍어 필라델피아
(Φιλαδέλφεια)는 사랑이란 뜻을 가진 필로스(φίλος)와 형제를 뜻
하는 명사 아델포스(ἀδελφός)의 합성어로 형제애를 의미합니다.

그리스도인들에게 필라델피아가 꼭 필요한 것은 우리가 서로
사랑할 때, 사람들은 우리가 그리스도의 제자라는 사실을 발견하
게 되기 때문입니다(요 13:35).

성도들은 예수 그리스도와 한몸이 된 지체 의식이 뚜렷해야 합
니다. 뿐만 아니라 서로 자기를 낮춰 존경하기를 힘써야 합니다.
남을 나보다 낮게 여기는 사람이어야 성숙한 그리스도인이라 할

수 있습니다.

　세상 어떤 사람도 내일에 대한 정확한 지식을 가질 수 없습니다. 그러므로 오늘이란 하루를 게으르지 말고 열심을 품고 주어진 기회를 최대로 활용해야 합니다.

　자신을 열어야(Open) 합니다. 마음도 주머니도 열어야 적극적으로 형제와 이웃을 사랑할 수 있습니다.

Shalom!

"부지런하여 게으르지 말고 열심을 품고 주를 섬기라"는 지시는 신앙과 하나님을 섬기는 일에 대한 강하고 열정적인 헌신을 유지하는 것이 중요하다는 점을 강조합니다. 이는 영적 수행에 헌신하고, 다른 사람을 섬기려는 노력에 동기를 부여하며, 삶에 대한 접근 방식에서 긍정적이고 열정적인 태도를 유지해야 함을 의미합니다. 전반적으로 이러한 지침은 신자들이 서로의 관계를 돈독히 하고, 다른 사람의 필요와 안녕을 우선시하며, 하나님을 향한 신앙과 봉사에 계속 헌신할 것을 권장합니다.

깨닫게 하소서

시편 Psalms 19:11-14
자기 허물을 능히 깨달을 자 누구리요. 나를 숨은 허물에서 벗어나게 하소서(12).
Who can discern his errors? Forgive my hidden faults.

....

하나님의 말씀을 깨달은 대로 실천하며 사는 사람은 복된 사람입니다.

시인은 기도하기를 "하나님의 말씀이 완전하여 영혼을 소생시켜 주시고 생기를 북돋우어 주시오니 어리석음을 깨우쳐 주시고, 주님의 말씀이 정직하고 순수하게 마음에 기쁨을 안겨주고 의식의 눈을 밝혀 주셔서 금은보다 더 귀하고 꿀송이보다 더 달콤하다는 것을 깨닫게 해달라" 기도합니다(6-10).

말씀을 지키고 따르면 푸짐한 상을 받게 됨을 알았기에 미처 깨닫지 못한 죄까지도 깨끗하게 씻어 주시길 바라고 알지 못하는 상태 속에서도 죄를 짓지 않게 해주셔서 죄의 손아귀에 잡히지 않게 해달라 기도합니다.

기도자는 절대적 하나님 신앙을 결단하며 시를 마무리합니다.

"주님은 나의 반석이시고 나의 구속자이시오니 내 입의 말과 마음의 묵상이 주님 앞에 열납되기를 원하나이다"(14). 주께 온전히 열납되기를 기도하는 것은 나의 모든 삶이 주님께 기쁘게 받아들여지기를 바란다는 의미입니다.

주의 뜻을 따라 살아가는 삶이 되기를 기도하며 오늘 하루를 시작합니다.

무엇을 자랑하려나

고린도전서1 Corinthians 1:26-29

하나님께서 세상의 천한 것들과 멸시 받는 것들과 없는 것들을 택하사 있는 것들을 폐하려 하시나니 이는 아무 육체도 하나님 앞에서 자랑하지 못하게 하려 하심이라(28-29).

He chose the lowly things of this world and the despised things--and the things that are not--to nullify the things that are, so that no one may boast before him.

....

인터넷 연결 관계로 방송 사고가 났습니다. 온라인으로 말씀을 전하면서 이런 일이 한 번도 없었는데 얼마나 당황스러웠는지 모릅니다. 하나님 앞에서 아무것도 자랑하지 못하게 하시려 하심이라는 말씀이 가슴에 깊이 와닿습니다.

왜 십자가에 못박힌 예수만을 전해야 하는가 묻습니다. "그는 근본적으로 하나님의 본체시나 하나님과 동등됨을 취하지 않으시고 오히려 자기를 비워 종의 형체를 가지사 사람들과 같이 되셨다"(빌 2:6-7)는 점 때문입니다.

그는 강한 자이지만 약함을 택하셨고, 있는 자이나 가난한 자가 되어 그들과 삶을 함께 하시며 일으켜 세우셨습니다. 세상의 미련한 자들을 택하사 지혜롭다 하는 자들을 부끄럽게 하시고, 세상의 약한 자들을 택하사 강한 자들을 부끄럽게 하셨으며 세상에 천한 자들과 멸시받는 자들을 택하셔서 저들로 하여금 세상을 바꾸어 나가게 하셨습니다.

예수의 제자들치고 지혜로운 자나 능한 자가 별로 없었지만, 저들을 택하사 2천 년 기독교 역사를 써가게 하셨습니다. 예수만 자랑할 수 있는 삶이었으면 합니다.

Shalom!

기독교인들은 예수님이 완전하고 죄 없는 삶을 사셨으며 오직 그분만이 그러한 삶을 자랑할 수 있다고 믿습니다. 또한 예수님은 그의 죽음과 부활을 통해 사람들이 영생을 얻고 죄를 용서받을 수 있는 길을 마련하셨다고 믿습니다. 하지만 사람마다 종교, 영성, 완벽한 삶의 개념에 대한 신념과 관점이 다르다는 점에 유의할 필요가 있습니다. 다른 사람에게 해를 끼치지 않는 한 다른 신념과 의견을 존중하고 관용하는 것이 중요합니다. 예수 그리스도에 대한 믿음과 그가 살았던 삶과 관련이 있는 것 같습니다.

우리는 동역자일 뿐이다

고린도전서1 Corinthians 3:5-9
심는 이와 물 주는 이는 한 가지이나 각각 자기가 일한 대로 자기의 상을 받으리라(8).
The man who plants and the man who waters have one purpose, and each will be rewarded according to his own labor.
....

3월 첫 주일은 피닉스감리교회의 창립 36주년 기념 주일이기도 합니다. 이민의 역사 속에 이 땅에 교회를 세우신 선배 동역자들과 사랑하는 교우 여러분들의 희생적인 섬김이 오늘 우리의 교회 공동체를 이어가게 했습니다.

바울이 지적하듯이 초대 교회인 고린도교회와 오늘의 시대를 살아가는 우리의 신앙공동체들이 별로 다를 바가 없다는 점입니다. 고린도교회는 바울이 세웠고 아볼로는 그 후에 목회를 하게 되었는데, 성도들간에 '바울파'니 '아볼로파'니 하면서 분쟁이 일어났습니다. 이런 소식을 듣고 바울은 편지를 보내, "나는 심었고 아볼로는 물을 주었으나 자라게 하신 분은 하나님뿐이시다."

물론 인간이 심고 가꾸지 않으면 열매 역시 맺을 것이 없겠지만, 아무리 심고 가꾸어도 인간의 능력으로는 자라게 하거나 꽃이 피거나 열매를 맺게 할 수는 없다는 것입니다. 다만 심은 자도 물

준 자도 동역자일 뿐이어서 맡겨진 사명을 잘 감당하도록 있는 자리에서 맡은 일에 충성해야 합니다.

교회공동체에 어려움이 생기는 것은 시기하는 일과 파당을 만들어 분쟁을 일으키는 자들이 있기 때문입니다. 사역자들에게 필요한 의식은 공동체 의식입니다. 사역자들과 성도들은 서로 협력하여 공동체를 유익하게 하고 선을 이루는 일을 해야 합니다(롬 8:28).

Shalom!

심는 사람과 물을 주는 사람은 한 가지 목적을 가지고 있으며, 각각 자신의 수고에 따라 보상을 받을 것입니다. 목표를 달성하는 데 있어 각자의 역할이 다를 수 있지만, 각자의 기여는 중요하며 인정받고 보상을 받을 수 있다는 것을 암시합니다. 더 넓은 의미에서 성공은 종종 노력과 헌신의 결과라는 것을 상기시키는 것으로도 볼 수 있습니다.

또한 다른 사람과 비교하거나 다른 사람이 하는 일에 대해 걱정하기보다는 자신의 일에 최선을 다하는 데 집중해야 한다는 것을 시사합니다. 궁극적으로 우리는 우리 자신의 노력과 우리가 주변 세계에 미치는 영향에 따라 보상을 받게 될 것입니다.

당신들을 향한 나의 사랑

고린도전서1 Corinthians 16:21-24

주 예수 그리스도의 은혜가 너희와 함께 하고 나의 사랑이 그리스도 예수 안에서 너희 무리와 함께 할지어다

The grace of the Lord Jesus be with you. My love to all of you in Christ Jesus. Amen.

....

"만약에 당신들이 주님을 사랑하지 않는다면 저주를 받게 될 것입니다"(22). 섬뜩한 경고입니다. 예수 믿는 사람들에게 어쩌면 당연한 경고일 수 있습니다.

특히 파당을 짓고 분쟁을 일삼았던 고린도교회의 교인들에게 이처럼 강한 메세지로 편지를 마무리하는 바울 사도의 간곡하고 안타까운 심정이 가슴 아프게 느껴집니다.

여기에서 예수를 향한 사랑은 당연히 아가페(αγάπη) 사랑이어야 할 터인데, 친구나 이웃을 향한 필레오(φιλέω) 사랑을 성서가 말하고 있는 것은 과연 무슨 뜻이 있는가를 생각하게 됩니다.

결국 예수 그리스도를 향한 사랑은 신을 향한 사랑으로 끝나는 것이 아니라 형제와 이웃을 향한 사랑이어야 한다는 말이 되는 것입니다.

이웃에 대한 사랑이 결여되어 있으면 예수에 대한 사랑과 충성

도 결여될 수밖에 없다는 것입니다. 그래서 교우들을 향하여 은혜(카리스χάρις)와 평강(에이레네εἰρήνη)이 지속되기를 축복해야 합니다.

Shalom!

"말씀이 육신이 되어 우리 가운데 거하시매"

동정녀 마리아의 몸을 통해 하나님께서 육신이 되어 태어나심으로써, 이 분 예수 그리스도의 고귀한 인격 안에서 하나님은 신인(神人)으로 이 세상에 들어오셨습니다.

하나님께서는 참으로 오래전부터 우리의 구원을 원하셨습니다. 이 세상 역사의 중심은 하나님의 구원 역사입니다. 그래서 인류 역사는 그리스도라 칭하는 예수의 탄생으로 정확하게 둘로 나뉘어집니다. 역사는 예수 이전과 예수 이후로 나뉩니다.

하나님과의 관계에서 볼 때 예수 그리스도의 탄생은 가장 큰 분기점이요 분수령입니다. 예수께서는 탄생으로 응답하심으로 구원자가 되셨습니다. 그의 탄생으로 세계가 재탄생합니다. 그러므로 그는 자신의 구원과 세상의 구원을 발견했습니다. 이것이 그와 함께 모든 것이 해방되는 심판입니다.

영원이 다가옴에 따라 시간은 멈추고, 모든 사람이 하나님의 아들 예수께서 내리는 심판을 들을 수 있도록 온 세상에 침묵이 놓여 있습니다.

도움을 바라보라!

민수기 Numbers 21:4-9

모세가 놋뱀을 만들어 장대 위에 다니 뱀에게 물린 자가 놋뱀을 쳐다본
즉 모두 살더라(9).

So Moses made a bronze snake and put it up on a pole. Then
when anyone was bitten by a snake and looked at the bronze
snake, he lived.

....

끝없는 광야, 길도 없는 돌짝 밭, 뜨거운 햇빛은 내리쬐고 마실
물도 먹을 음식도 부족하여 기진맥진해 하는 백성들.

아무리 낮에는 구름기둥, 밤에는 불기둥으로 저들의 그늘이 되
어 주시고 바위에서 샘물이 솟아오르고 만나가 이슬같이 돋아난
다 해도 자그마치 40여 년간의 세월을 광야에서 보내고 있는 그
들의 삶이 얼마나 힘겨운 나날이었을까를 생각해봅니다.

이들이 모세와 하나님을 원망했다는 것이 이해가 됩니다. "어찌
하여 우리를 애굽에서 인도해내 어이 광야에서 죽게 하는가? 이곳
에는 먹을 것도 없고 물도 없도다. 우리 마음이 이 하찮은 음식을
싫어하노라"(5절).

그런데 모세와 하나님을 원망했다 하여 하나님께서는 그들 가
운데에 불뱀을 보내어 많은 백성들이 물려 죽게 되었고 백성들은

곧 자신들의 잘못을 깨닫고 회개하고 모세에게 중보기도를 요청합니다.

하나님께서는 모세로 하여금 구리 뱀을 장대에 매달아 높이 들고 그것을 바라보는 자들은 다 살게 하셨습니다. 회개하고 돌아오는 자들을 구원해 주시는 십자가에 달리신 예수 그리스도의 예표입니다.

사순절 기간 동안 우리가 바라보아야 할 것은 믿음의 주요 또 온전케 하시는 예수뿐이어야 합니다(히 12:2).

감사를 잊지 말아야

시편 Psalms 107:1-3

여호와께 감사하라 그는 선하시며 그 인자하심이 영원함이로다

Give thanks to the LORD, for he is good; his love endures forever.

....

구속함을 받았다고 생각한다면 늘 감사하며 살아야 합니다. 왜 감사해야 하는가? 우리가 믿는 하나님이란 분은 선하시며 그 인자(사랑)하심을 영원히 베풀어 주시기 때문입니다.

시의 작사자가 누구인지 저작 연도가 어떻게 되는지 알 수 없지만, 분명한 것은 바벨론 포로기 이후, 억압의 세월 동안, 해방되어 자유인으로 돌아오던 광야에서 그리고 오늘의 삶까지도 함께 해 주시는 하나님의 선하심과 인자하심을 느낄 수 있었기 때문입니다.

황량한 광야 길에서 물이 없어 목마르고, 먹을 것이 없어 굶주렸던 고통의 순간순간들을 함께 체험하며 해방의 기쁨과 희망을 품었던 이들입니다. 자신들에게 베풀어 주신 하나님의 은혜를 잊고 산다면 원망과 불평만 늘어나고 결국은 삶이 불행해질 수밖에 없습니다.

'감사하다'는 '감사'와 '주다', 혹은 '나누다'와 함께 할 때 비로

소 감사(Thanksgiving)가 됩니다.

　나에게 베풀어 주신 은혜를 깨달은 사람이 하나님이나 부모 형제 이웃들에게 감사하게 됩니다. 매 순간 감사를 잊지 말아야 합니다. 모든 일에서 감사한 삶을 살라는 것이 예수 그리스도 안에서 우리를 향하신 하나님의 뜻입니다(데살전 5:18).

그리스도에게 속한 것인가?

고린도후서2 Corinthians 10:7-11

너희는 외모만 보는도다 만일 사람이 자기가 그리스도에게 속한 줄을 믿을진대 자기가 그리스도에게 속한 것 같이 우리도 그러한 줄을 자기 속으로 다시 생각할 것이라

You are looking only on the surface of things. If anyone is confident that he belongs to Christ, he should consider again that we belong to Christ just as much as he.

....

거짓 교사들이라 할지라도 자기 자신이 혹은 자기가 섬기는 교회가 그리스도에게 속한 것이라 말합니다. 그렇다면 그리스도에게 속한 것인가 아닌가를 우리는 어떻게 분별할 수 있을까요? 그들이 사용하는 능력이 생명을 살리는 일을 하는가 아닌가를 보면 알 수 있습니다.

낙심한 자를 일으켜 세우고, 병든 자를 온전케 하며 주저앉아 있는 자를 일으켜 세워 주고, 교회공동체를 세우는 일이 그리스도에게 속한 자들이 하는 일입니다.

분파를 일으켜 다투다 보면 교회공동체는 주저앉게 됩니다. 특히 바울 사도의 외모를 조롱하고 비난할 정도로 바울은 외모가 준수하게 생기지 못했고 말도 어눌한 사람이었기에 거짓 교사들에

게 너무 쉽게 공격을 받았고 그들의 속임수에 넘어가 우왕좌왕하던 고린도교회 성도들의 모습이 참으로 안타깝기만 합니다.

올바른 기독교를 전하지 못하고 건물이나 사람이 크고 많은데 가치를 두다가 오늘날 얼마나 부끄러움을 많이 당하고 있습니까? 우리가 먼저 해야 할 일은 그리스도에게 속한 것인가 아닌가를 먼저 살피는 일입니다.

Shalom!

당신은 사물의 표면만을 보고 있는 사람일지 모릅니다. 자신이 그리스도에게 속해 있다고 확신하는 사람이라면 우리도 그와 마찬가지로 그리스도에게 속해 있다는 것을 다시 생각해야 합니다. 그리스도께 속한 모든 사람은 한 몸의 일부이며 동등한 가치와 중요성을 지니고 있음을 강조하면서 신자들 간의 겸손과 연합을 장려합니다. 표면적인 차이점이나 개인적인 성취보다는 신자들의 일치와 공통점에 초점을 맞추도록 노력하며 살아가야 합니다.

새로운 삶을 위하여

시편 Psalms 32
허물의 사함을 받고 자신의 죄가 가려진 자는 복이 있도다(1).
Blessed is he whose transgressions are forgiven, whose sins are covered.

....

다윗의 참회시입니다. 밧세바와의 간음 사건을 배경으로 하여 철저하게 범죄와 회개, 그리고 사죄에 대한 참회시입니다. 우리 인간들의 문제는 자기 자신을 잘 살피지 못한다는 데 있습니다.

사순절 4주가 지나갑니다. 경건생활을 말씀을 묵상하는 것으로 시작하는데, 말씀을 통하여 자기 자신을 깊이 있게 살펴보려고 하는 것이 묵상생활입니다.

'죄로부터의 용서' 이것이 얼마나 복된 일인가를 말합니다. 잘 못을 저지르고 허물을 감추고 있을 때, 뼈가 녹아지는 것 같은 고통이 있었다고 고백합니다(3). 여름 뙤약볕에 물이 말라 버린 것 같이 에너지가 없어서 기력이 쇠해졌다 합니다(4). 그런 처지 속에서 주 앞에 죄를 털어놨더니 나의 모든 죄를 용서해 주셔서 비로소 생기가 솟아나게 되었다 합니다.

죄로부터 용서함을 받은 것만큼 복된 것이 없습니다. 사순절 기간 동안 주님을 만날 수 있을 때 그분을 만날 수 있도록 깊이 있는 기도 생활이 필요합니다.

새로운 삶은 회개하고 허물의 용서를 받을 때 시작됩니다.

Shalom!

실망? 낙심? 환멸? 때때로 삶은 우리를 짓밟는 느낌을 줍니다. 주님께서 우리를 풍성하게 축복하셨지만 때때로 그 진리를 잊기 쉽습니다. 우리는 재정적으로 어려움을 겪을 수 있습니다. 우리의 지상 생활이 영적 진리와 충돌하는 것처럼 보일 때 찬양으로 응답하는 것이 가능합니까? 우리의 형편과 상관없이 하나님은 그리스도 안에서 모든 신령한 복으로 우리를 축복해 주셨습니다.

말씀을 마음에 새기라

예레미야 Jeremiah 31:31-34

내가 나의 법을 그들의 속에 두며 그들의 마음에 기록하여 나는 그들의
하나님이 되고 그들은 내 백성이 될 것이라 여호와의 말씀이니라(33b).
I will put my law in their minds and write it on their hearts. I
will be their God, and they will be my people.

....

바벨론 포로 시대가 끝나고 이스라엘이 해방되는 날이 이르게
될 때 하나님께서는 그들과 새 언약을 맺으시는데 눈에 보이는 돌
판이 아니라(출 31:18), 그들의 마음에 기록해 주겠다 하십니다.

그들이 옛 언약을 몰랐던 것 아니라 너무 잘 알고 있었지만, 내
적 심령에 바로 새기지 못했기 때문에 근본적으로 삶을 바꿔놓지
못했다는 것입니다.

회개는 마음과 생각을 바꾸는 것이며 내면의 삶이 바뀌면 살아
가는 삶의 방식도 바뀔 수밖에 없는 것입니다. 말씀을 통해 진심
으로 하나님의 통치를 받아들이게 됩니다.

구원은 믿음으로 받는 선물입니다. 믿음은 외적인 것에 앞서 내
적으로 시작됩니다. "사람이 마음으로 믿어 의에 이르고 입으로
시인하여 구원에 이르느니라"(롬 10:10).

허물의 사함을 받은 사람이 행복한 것은 구원받은 하나님의 백

성으로 살아갈 수 있게 되기 때문입니다(시편 32:1).

　성서의 말씀을 깊게 묵상하고 마음에 기록하여 하나님의 백성으로 힘차게 살았으면 합니다.

오늘을 힘차게 사시길

데살로니가후서2 Thessalonians 1:11-12

그래서 우리는 하나님이 여러분을 그의 부르심에 적합한 사람으로 여기시고 여러분의 모든 선한 목적과 믿음의 일을 그분의 능력으로 이루어 주시기를 기도합니다(현대인을 위한 성경 11).

With this in mind, we constantly pray for you, that our God may count you worthy of his calling, and that by his power he may fulfill every good purpose of yours and every act prompted by your faith.

....

환난과 어려움에 처한 성도를 위해 위로와 격려의 편지를 쓰며 기도하는 바울과 실루아노, 그리고 디모데와 같이 목회자는 매일 성도들의 이름을 불러가며 기도를 합니다.

사랑하는 성도들이 하나님의 부르심을 받은 사람들로 부르심에 합당한 삶을 살아가길 기도합니다. 어느 누구나 이 시대를 살아가며 자신들이 처해 있는 삶의 자리에서 겪게 되는 고난의 의미를 깨닫고 힘 주시는 주님을 바라보게 될 때, 더욱 굳건한 믿음에 서게 되며 극복할 수 있는 힘이 주어지게 됩니다.

이 땅에 하나님나라를 이루며 그 나라를 마음껏 누리며 살아갈 수 있어야 합니다. 주님의 사랑과 주시는 평화를 마음에 품으면 삶의 안정과 기쁨이 충만하게 됩니다.

앞에 놓인 처지만 바라보며 마음에 우울한 감정만 더하지 말고 축 처져 있는 어깨를 바로 펴고 활짝 핀 얼굴로 힘차게 살아가시길 기도합니다. 하나님나라의 삶은 믿는 이로서 오늘, 지금을 살아가는 것입니다.

삶의 즐거움을 어디서 찾을까?

시편 Psalms 119:9-16
내가 모든 재물을 즐거워함 같이 주의 증거들의 도를 즐거워하였나이다
(14).
I rejoice in following your statutes as one rejoices in great
riches.

....

세상에 돈이 필요 없는 사람이 있을까요? 복 많이 받으라는 말
속에 제일 먼저 떠 올리는 단어는 '재물(돈)'일 것입니다.

살아있는 동안에 돈이란 그만큼 필요한 것이기 때문입니다. 요
한 웨슬리의 경제관은 열심히 돈을 벌어서 저축을 하라. 그리고
보람 있는 일을 위하여 아낌없이 써라. 결국은 돈이란 선하게 잘
쓰기 위해서 필요한 것이란 뜻이겠지요.

고대 이스라엘은 지혜의 근본을 하나님의 말씀을 묵상하는 데
에서 찾았습니다(잠 1:7). 그래서 전심으로 주를 찾았고 주의 계명
을 떠나지 않고 말씀에서 삶의 길을 가고자 했습니다.

재물에 즐거움을 느꼈듯이 말씀 안에 자기의 즐거움이 있음을
알았던 것입니다. 자본이 신의 자리를 넘본다 할지라도 그리스도
인들은 하나님과 재물을 겸하여 섬길 수는 없는 법입니다. 돈을
하나님보다 중히 여기면, 절대로 하나님을 섬길 수 없게 됩니다(눅

16:13).

우리는 하나님의 종이요 그의 백성이지 결코 돈의 종이 되어서는 안 됩니다. 권력과 돈이 우상이 되면, 공평과 정의는 사라지게 되고 억압과 부패만 판치게 됩니다.

삶의 즐거움을 어디에서 찾는가는 각자의 몫입니다.

Shalom!

하늘나라에서는 우리에게 부족한 것이 없습니다. 문제는 우리의 초점이 지상 영역에 있는 경우가 많다는 것입니다. 그 대신에 우리는 우리의 생각을 하늘로 향하게 하고 우리가 마음대로 사용할 수 있는 영적 축복을 헤아려 볼 수 있습니다.

주님의 내주하시는 임재는 우리의 마음을 인도하고 우리의 마음을 위로합니다. 그분의 부활 능력은 우리가 인내하며 승리할 수 있게 합니다. 그분의 지속적인 평화는 오늘을 위한 격려와 내일을 위한 희망을 줍니다.

우리가 영원한 축복을 묵상할 때 우리의 순간적인 투쟁이 올바른 관점에 놓이게 됩니다. 지상의 시련은 일시적입니다. 영적인 축복은 영원합니다. 우리에게 주어진 영원한 선물을 품고 있으니 우리는 복된 사람들입니다.

겸손히 삶을 배우라

히브리서 Hebrews 5:5-10

그가 아들이시면서도 받으신 고난으로 순종함을 배워서 온전하게 되셨은즉 자기에게 순종하는 모든 자에게 영원한 구원의 근원이 되시고(8-9).

Although he was a son, he learned obedience from what he suffered and, once made perfect, he became the source of eternal salvation for all who obey him

....

예수께서 가지신 신성과 인성, 즉 참 하나님이시며, 참 인간이신 분으로 고백됩니다(웨스트민스터 신앙고백).

그분은 하나님과 인간 사이의 중보자이십니다(롬 1:3-4). 예수께서 대제사장으로서 사람들과의 연대성과 하나님의 부르심에 의하여 철저한 인간으로 사셨던 분이십니다. 인간으로서 자기를 죽음에서 능히 구원하실 분에게 심한 통곡과 눈물로 간구와 소원을 올렸고 하나님께서는 그의 경건하심을 보시고 기도를 들어주셨다는 것이 놀랍습니다(7).

그리고 하나님의 아들이시면서도 고난을 통하여 순종함을 배우셨다(8)는 말은 성경 전체에 여기에서만 나오는 말입니다. 그렇다면 우리가 무엇을 망설이겠습니까? 우리의 모범이 되시는 예수(감리교 교리적 선언)를 따라서 살아가는 것은 마땅한 일입니다.

삶은 오늘 바로 지금입니다. 배움을 부끄러워하지 말아야 합니다. 우리가 예수를 따라 모든 일을 할 수 있는 것은 그분은 철저하게 인간으로 이 세상을 사셨기에 우리의 모범이 되십니다. 나이 들어 삶이 익어가려면 성경말씀과 기도뿐만 아니라, 책 속에서 길을 찾고 배움을 게을리하지 말아야 합니다.

Shalom!

모든 삶에 문제가 찾아옵니다. 우리 모두는 직장을 잃고, 사랑하는 사람이 병에 걸리고, 영적 위기에 직면합니다. 결혼 생활에서 우리는 때때로 격렬한 의견 불일치, 삶의 방향에 대한 혼란, 해결할 수 없는 것처럼 보이는 딜레마를 경험합니다. 우리가 땅에 묶여 있는 한, 예상치 못한 반갑지 않은 문제가 우리의 몫으로 남아 있습니다.

종종 우리는 "이런 일이 일어났을 때 하나님은 어디에 계셨습니까?"라고 묻고 싶은 유혹을 느낍니다. 하지만 전지전능하신 하나님은 우리의 미래에 있는 모든 것을 알고 계십니다. 그는 우리가 단지 소란을 피우고 걱정하거나 스스로 해결하려고 노력하다가 더 큰 문제에 빠지게 될 것임을 알고 있습니다. 그러나 어려움 없는 세상을 준비하시는 그분은 자비롭게 우리에게 경고하지 않습니다. 그 대신 그분은 위로의 손길을 잡으려고 손을 뻗는 가장 어려움을 겪는 당신의 손을 잡고 걸으십니다.

당신은 어떤 사람인가?

누가복음 Luke 15:1-7

모든 세리와 죄인들이 말씀을 들으러 가까이 나아오니 바리새인과 서기
관들이 수군거려 이르되 이 사람이 죄인을 영접하고 음식을 같이 먹는다
하더라(1-2).

Now the tax collectors and "sinners" were all gathering around
to hear him. But the Pharisees and the teachers of the law
muttered, "This man welcomes sinners and eats with them."

....

세리와 죄인들, 그리고 바리새인과 서기관들, 말씀을 들으러 예
수께 가까이 온 사람들은 종교 지도자들이라 자칭하는 사람들이
어야 하는 것 아닌가?

세리와 죄인들이라고 경멸받던 소외 계층의 사람들이었다는 게
부자연스럽게 느껴졌을까? 바리새인과 서기관들에게 하나님의
말씀대로 살지 않는다고 비난받던 사람들이 오히려 말씀을 듣고
자하여 예수께 가까이 나왔음이 아이러니 아닌가?

하나님의 말씀을 들으려 하여 예수 앞에 가까이 나온 사람들과
세리와 죄인이라 불리던 이들과 음식을 함께 먹고 마시는 예수님
을 향하여 조소와 비난을 하는 이들의 처지가 바뀌었어야 하지 않

앉을까?

　여기에 하나님나라의 모습이 보이는 것입니다. 한 마리 잃은 양을 찾아 끝까지 사랑으로 감싸시는 주님, 그러므로 성도들은 용서함 받은 죄인임을 잊지 말고 말씀을 사모하며 주님께 더 가까이 나아오고 소외된 사람들을 더 배려하며 원망과 비난을 일삼지 말고 나는 어떤 부류의 사람인지 살피며 하나님나라를 이루려고 애써야 합니다.

내가 살아있는 것은

시편 Psalms 118:15-18

내가 죽지 않고 살아서 여호와께서 하시는 일을 선포하리로다(17).

I will not die but live, and will proclaim what the LORD has done.

....

의인들의 삶의 자리에는 기쁨의 노랫소리가 울려 나옵니다. 그들에게 여호와 하나님께서 능력을 베풀어 주셨기 때문이라 합니다(15-16). 하늘의 기쁨은 내가 무엇을 해서 얻어지는 것이 아니라 단지 하나님 앞으로 나아가게 되면 우리를 긍휼히 여기셔서 우리의 잘못된 삶을 용서해 주시고 구원의 은총을 베풀어 주셔서 감사함으로 마음의 평안을 얻고 살아가는 사람에게 주시는 기쁨인 것입니다. 그런 은총을 경험하고 살아가는 사람은 살아 있는 동안에 주께서 하시는 일을 전하지 않을 수 없는 것입니다. 십자가의 길을 따르는 사람은 바로 이런 길을 가는 것입니다.

나의 내면을 먼저 살피고 그 모습 그대로 주 앞에 나아가야 합니다. 나의 의롭지 못한 삶을 들여다보게 되면 주께 기도와 간구로 탄원을 하게 됩니다. 구원의 은총은 이렇게 시작됩니다.

내가 지금 살아 숨 쉬는 것은 주께서 하신 일을 전하기 위함이라는 고백이 체험 속에서 얼마나 고귀하게 들리는지 모르겠습니다.

예수의 마음을 품고

빌립보서 Philippians 2:5-11
너희 안에 이 마음을 품으라. 곧 그리스도 예수의 마음이니(5).
Your attitude should be the same as that of Christ Jesus:

....

우리가 그리스도인으로 마땅히 추구해야 할 것은 성도들간의 하나됨을 위하여 한 마음을 품고 겸손하게 서로 돌보는 일입니다 (1-4).

그 모범을 보여 주신 분이 바로 예수님이십니다. 우리의 온전한 모범이신 것입니다. 하나님의 형상대로 지음받은 아담(창 1:26-27), 분명히 하나님의 피조물임에도 하나님과 같아지려 했던 것이 (창 3:1-8) 어찌 아담에게만 이런 모습이 있겠습니까?

하나님과 동등됨을 가지고자 하는 마음이 내 안에도 있다는 말씀입니다. 동산 중앙에 있는 나무의 열매를 먹지도 만지지도 말라 하시며 정녕 죽으리라 하셨지만, 죽는 한이 있어도 하나님과 같아져보고 싶고 남보다 나아지고 싶은 마음이 어찌 아담에게만 있었겠느냐는 말씀입니다(창 3:3).

그러나 예수께서는 하나님과 동등된 분인데도 자기를 비워 종의 자리까지 낮아지셨습니다. 진정으로 예수를 배우고 따르는 삶이 신앙인으로서의 우리의 삶이 되어야 합니다.

예수의 겸손이 무엇이었나요? 자기를 비우고 하나님께서 주신 말씀만 전하고자 하셨고(요 17:8), 하나님의 뜻을 온전히 행하시려 했습니다(요 14:11). 그리고 섬기기 위해 이 땅에 오셨다 합니다(막 10:45). 낮아져서 섬기게 되면 예수의 마음을 품고 생명을 살리는 일을 하게 됩니다.

Shalom!

"성령이 네게 임하시고 지극히 높으신 이의 능력이 너를 덮으시리니. 그러므로 나실 거룩한 자는 하나님의 아들이라 일컬어질 것이요… 하나님께는 능치 못한 일이 없느니라"(누가복음, 35-37절)

진리와 영원한 생명의 길

요한복음 John 12:12-15

예수는 한 어린 나귀를 보고 타시니 이는 기록된 바 시온 딸아 두려워하지 말라. 보라 너의 왕이 나귀 새끼를 타고 오신다 함과 같더라(14-15). Jesus found a young donkey and sat upon it, as it is written, "Do not be afraid, O Daughter of Zion; see, your king is coming, seated on a donkey's colt."

....

이 내용은 스가랴 9장9절에 선지자를 통하여 예언되어 있는 말씀입니다. 무슨 의미일까?

사람들은 종려나무 가지를 가지고 "호산나" "호산나"를 외치며 예루살렘성에 입성하시는 예수를 맞이합니다. 전통적으로 위대한 영웅, 전쟁에서 승리한 장군들이 말을 타고 입성할 때, 그들을 맞이하며 사용한 것이 종려나무 가지입니다.

그러나 예수의 가는 길은 십자가의 길이었고, 그가 타고 들어온 것은 나귀 새끼였습니다. 메시야를 기대하던 대중은 실망하였고 한 주간도 지나기 전에 예수를 십자가에 못 박으라 외치게 됩니다.

지금 우리는 예수께 무엇을 기대하는가? 왕은 나귀 그것도 어린 나귀 새끼를 타지 않습니다. 왕은 백마를 탑니다. 예수의 메시아 왕국은 하나님의 진리를 나타내고(요 18:36-37), 영원한 생명을 펼치는 데서 이루어집니다(요 11:25-26).

예수님의 예루살렘 입성은 고난과 죽음을 통한 다시 살아남에 있습니다. 평화는 이렇게 온 것입니다.

내가 너의 손 잡아 줄게

시편 Psalms 31:9-16
주의 얼굴을 주의 종에게 비추시고 주의 사랑하심으로 나를 구원하소서
Let your face shine on your servant; save me in your unfailing
love.

....

기도자는 심한 탄식으로 하나님께 기도를 합니다. 근심 때문에
시력이 약해지고 몸과 영혼이 쇠약해졌으니 고통 중에 있는 자신
에게 긍휼을 베풀어 구원해 주소서 간구를 드립니다(9).

인간에게 질병이란 삶과 같이 있는 것, '생로병사'-[태어나 늙고
병들고 죽게 되는 것]은 자연스러운 것입니다. 고대 이스라엘 사
람들은 질병 (특히 역병)이란 범죄한 인간에게 내린 신의 저주라
생각했습니다. 그러므로 질병에 걸리면 사람들에게 외면을 받게
되고 비방이나 모욕을 당하게 됩니다.

COVID-19 팬데믹 사태가 그런 것 같습니다. 누가 찾아와도
만나기를 꺼려하는 마음이 앞섭니다. 그러니 기도자의 심정이 어
떠했는지 알 것 같습니다.

"주님, 당신은 나의 하나님, 나의 앞날이 주의 손에 달렸사오니
주의 얼굴을 내게 비추시고 당신의 사랑하심으로 나를 구원해 주
소서."

오늘 새벽 [촛불 하나]란 노래를 듣게 되었습니다. "지치고 힘들 땐 내게 기대. 언제나 네 곁에 서 있을게 혼자라는 생각이 들지 않게 내가 너의 손 잡아 줄게"

왜 그렇게 눈물이 나던지… 지치고 힘들어 하는 사람에게 내가 네 곁에 서 있을께 내게 기대라고 하는 노래말이 주님의 음성이 되어 들려왔습니다. "내가 한 것 같이 너도 누군가에게 손을 내밀어 일으켜 세워주는 삶을 끝까지 살아가렴…" 아멘.

Shalom!

오늘— 당신의 계획과 반대되는 일이 일어날 수도 있습니다. 오늘이 아니라면 내일은 확실히. 이러한 장애물로 인해 계획한 작업을 수행할 수 없게 됩니다. 이것이 당신에게 복된 의미를 가져다 줄지도 모릅니다. 당신의 마음은 무한히 탄력적이고 적응력이 있기 때문에 이것만큼은 견딜만하고 나쁘지 않은 것 같습니다.

여인들에 의하여

마가복음 Mark 15:40-41
멀리서 바라보는 여자들도 있었는데, 그 중에 막달라 마리아와 또 작은
야고보와 요세의 어머니 마리아와 또 살로메가 있었으니, 이들은 예수께
서 갈릴리에 계실 때에 따르며 섬기던 자들이요 또 이 외에 예수와 함께
예루살렘에 올라온 여자들도 많이 있었더라(40-41).

....

예수의 십자가의 길, 제자 공동체의 재정을 담당하리만큼 신임
을 받았을 가룟 사람 유다. 그는 은 30개에 예수를 배신했고, 예
수께서 겟세마네 동산에서 밤새도록 기도하실 때 깨어 기도하지
못하고 잠들어 있던 제자들은 대제사장과 서기관들과 장로들이
보낸 군졸들에게 예수가 붙잡혀 가게 될 때, 어떻게 그리 다 도망
가고 말았을까요?(막 14:50).

"잠시도 깨어 기도할 수 없느냐? 시험에 들지 않게 깨어 있어 기
도하라"(14:37). 예수께서 말씀하셨지만 그들은 깨어 기도하지 못
하다가 결국 스승이 붙잡혀 가는데 다 도망을 치게 된 것입니다.

그러나 끝까지 예수를 따랐던 사람들은 막달라 마리아를 비롯
한 여인들이었는데, 그들은 갈릴리로부터 따랐던 사람들입니다.

"아바, 아버지여, 어찌하여 나를 버리시나이까?" 고통스럽게 죽
음을 맞이하면서도 "다 이루었다" 담담하게 말씀하시던 예수를

십자가 아래서 다 지켜 보았을 뿐만 아니라, 장례를 지내는 모든 과정을 지켜 보았고 부활하신 예수를 처음 만난 것도 그들이었습니다.

고난을 함께 했던 여인들이 부활의 영광도 함께 누립니다. 이름도 없이 빛도 없이 예수를 따랐던 이들이 있었기에 부활이 증거되기도, 2천 년 기독교 역사가 쓰여졌습니다.

깨어 있어야!

마가복음 Mark 13:28-37
"깨어 있으라 내가 너희에게 하는 이 말은 모든 사람에게 하는 말이니라" 하시니라
What I say to you, I say to everyone; 'Watch!'"

....

예수를 따르는 삶은 영적 깨어남이 있어야 합니다(롬 13:11-14).
잠자는 상태에서 혹은 죽어 있는 상태로는 아무것도 할 수 없습니다. "잠자는 자여 일어나라, 죽은 자 가운데서 일어나라. 그래야 그리스도께서 네게 빛을 주실 것이다"(엡 5:14).

영적인 잠자는 상태는 어둠의 상태입니다. 죽은 상태는 생명력을 잃은 것입니다. 십자가로 향하는 길은 영적 소생함이 있어야 합니다. 겟세마네 동산에서 예수께서는 제자들에게 깨어 기도하라 명하십니다. 세 번씩이나 그들을 찾아와 깨어있기를 말씀하셨으나 몸이 피곤했던 제자들은 잠들어 버렸습니다. 그런 모습을 보시며 "너희가 잠시도 깨어 있지 못하느냐? 시험에 들지 않게 깨어 있어라!" 하셨습니다.

이것은 단순히 육신적인 잠이 아니라 영적인 잠에 빠져있었던 것이란 의미입니다. 고난 주간 우리가 해야 할 일은, 잠자는 상태에 있는 우리를 깨우는 일입니다. 영혼이 깨어있지 못하면 십자가

를 향한 길을 예수님과 함께 동행할 수 없습니다. 의식이 깨어 기도하지 못하면 제자들처럼 우리도 예수의 곁을 도망칠 수도 있습니다.

희랍어 그레고레이테(γρηγορέω)는 '깨어 있다', '정신 차리다', '주의 해라', '살아있다'란 의미입니다. 내 영혼이 깨어 숨쉬게 하시고 살아있음으로 당신과 함께 십자가의 길을 걷게 하소서.

Shalom!

예수님을 따르는 삶에는 영적 각성이 필요합니다. 잠자거나 죽은 상태에서는 아무것도 할 수 없습니다. 영적 각성이라는 개념은 종종 영적인 의미에서 '죽었다' 또는 '잠들었다'는 개념과 연결됩니다. 진정으로 예수님을 따르기 위해서는 영적 죽음이나 잠에서 깨어나 하나님의 목적에 적극적으로 참여하는 상태가 되도록 영적 각성을 경험해야 합니다. 여기에는 회개와 고해성사, 죄의 습관에서 돌아서는 것뿐만 아니라 기도와 예배, 봉사에 대한 더 깊은 헌신이 포함될 수 있습니다. 성령의 능력을 통해 우리는 그리스도 안에서 새로운 삶에 눈을 뜨고 그분께 영광을 돌리는 방식으로 살아갈 수 있는 힘을 얻을 수 있습니다.

성목요일 묵상

마가복음 Mark 14:12-25

또 잔을 가지사 감사 기도 하시고 그들에게 주시니 다 이를 마시매 이르시되 이것은 많은 사람을 위하여 흘리는 나의 피 곧 언약의 피니라(23-24).

Then he took the cup, gave thanks and offered it to them, and they all drank from it. "This is my blood of the covenant, which is poured out for many," he said to them.

....

　매년 성목요일에는 교우들과 함께 양고기와 쓴나물과 무교병과 포도주로 유월절 만찬을 함께 나누며 성만찬을 제정하셨음을 기념하곤 했었는데 COVID-19 팬데믹 사태로 인하여 올해도 그냥 지나갔습니다.

　성목요일에는 예수께서 성만찬 제정과 제자들의 발을 씻겨주셨는데, 빵을 나누시며 "이것은 내 몸이다" 포도주를 나누시며 이것은 많은 사람을 위하여 흘리는 나의 피 곧 언약의 피라 하셨습니다.

　성만찬을 기념하는 것은 형식이 아니라 예수님의 십자가 죽음과 부활을 통하여 섬김과 생명을 나누게 되는 것입니다(고전 11:23-25). 그리스도인들은 항상 영적 은혜를 체험하며 살아가야 합니다. 빵(음식)과 피(물)는 생명 그 자체입니다. 주님께서 베풀어 주신 구속의 은총을 생각하면서 누군가에게 빵을 나누는 것은, 그것이 생명을 살리는 일입니다.

사순절 33일째 아침 묵상했던 시편 31편의 말씀처럼, 우리는 그리스도인들로서 주님께서 가셨던 길을 따라 지치고 힘들게 살아가는 사람들의 벗이 되어 이웃이 혼자라는 생각이 들지 않도록 위로하고 손잡아 주는 삶이 되어야 합니다.

성만찬은 단지 나의 구원만이 아니라 생명을 나누신 예수님을 따라 살아가려는 결단을 새롭게 하는 일입니다.

십자가 밑에서

마가복음 Mark 15:21-41
예수를 향하여 섰던 백부장이 그렇게 숨지심을 보고 이르되 이 사람은
진실로 하나님의 아들이었도다 하더라(39)
And when the centurion, who stood there in front of Jesus,
heard his cry and saw how he died, he said, "Surely this man
was the Son of God!"

....

당시 총독 빌라도는 예수가 대제사장들에게 단순한 시기를 받
아 법정에 끌려왔는지 알았습니다(10절). 그래서 그를 풀어 주려고
애썼지만, 민란이 일어날 것을 두려워하여 예수를 십자가에 못 박
도록 판결을 내리므로 예수는 본디오 빌라도에게 고난을 받으신
것으로 온 세상에 알려지게 됩니다(사도신경).

예수의 십자가 길에는 억지로 끌려와 함께한 자들이 있었습니다.
시몬과 알렉산더, 루퍼가 그들입니다. 아마도 이들은 기독교 처음
공동체의 일원이 되었기에 그 이름이 기록되었을 것입니다. 고난과
위험의 시간이 그들에게는 기회와 희망의 사건이 된 것입니다.

예수의 좌우편에 함께 십자가에 못 박혔던 강도들, "당신의 나라
에 임하실 때에 나를 기억해 달라" 간청하는 이에게 "내가 진실로
네게 이르노니 오늘 네가 나와 함께 낙원에 있으리라"(마 27:46).

돌아온 자를 가슴에 품어주시는 예수님을 만나게 됩니다. [엘리 엘리 라마 사박다니] "나의 하나님, 나의 하나님 어찌하여 나를 버리시나이까" 하지만, 원망이나 탄원이 아니라 시편 22편 기자의 기도를 하시며 "그는 곤고한 자의 곤고를 멸시하거나 싫어하지 아니 하시며, 그의 얼굴을 그에게서 숨기지 아니 하시고 그가 울부짖을 때 들어 주셨도다" 감사하는 기도였음을 알 수 있습니다.

예수의 십자가 현장을 지키고 있던 백부장이 "이 사람은 진실로 하나님의 아들이셨다" 고백합니다. 예수의 십자가 밑에서 오늘 우리의 고백이었으면 합니다.

Shalom!

마가복음은 예수 그리스도의 십자가 처형 당시 로마 백부장이 예수의 죽음을 목격하고 그를 하나님의 아들이라고 선언한 사건을 묘사하고 있습니다. 백부장의 진술은 예수를 따르지 않는 비신자라도 예수의 신성을 인정할 수 있다는 것을 보여주기 때문에 의미가 있습니다. 이 진술은 또한 예수의 가르침의 진리와 하나님의 아들로서의 정체성에 대한 증거이기도 합니다.

기독교 신학에서 예수의 죽음과 부활은 신앙의 기초를 형성하는 중심 사건으로 간주됩니다. 예수가 하나님의 아들이며 인류의 죄를 위해 죽었다는 믿음은 기독교 교리의 초석입니다. 백부장의 선언은 이러한 믿음을 강력하게 확인하는 역할을 합니다.

사순절 마지막 날에

마가복음 Mark 15:42-47
요셉이 세마포를 사서 예수를 내려다가 그것으로 싸서 바위 속에 판 무덤에 넣어 두고 돌을 굴려 무덤 문에 놓으매 막달라 마리아와 요세의 어머니 마리아가 예수 둔 곳을 보더라(46-47).

So Joseph bought some linen cloth, took down the body, wrapped it in the linen, and placed it in a tomb cut out of rock. Then he rolled a stone against the entrance of the tomb. Mary Magdalene and Mary the mother of Joses saw where he was laid.

....

사순절 40일 동안 십자가의 길을 함께 동행할 수 있어 감사했습니다.

예수께서 십자가에서 숨을 거두신 후, 아리마대 요셉과 갈릴리로부터 예수를 따랐던 여인들이 그 자리에 있었습니다. 아리마대 사람 요셉은 공회원이었고, 많은 사람들에게 존경받는 사람이었으며 부자였고, 예수의 제자였으며 하나님의 나라를 기다리는 사람이었습니다.

그런 그가 빌라도를 찾아가 예수의 시체를 내어달라 합니다. 새로 바위 속에 판 자신의 새 무덤에 예수를 장례 하기 위함이었습니다. 그것을 지켜보던 여인들이 있었습니다. 갈릴리로부터 예수를 따랐던 여인들입니다. 예수의 사역뿐만이 아니라 고난의 현장에도 함께했던 그들은 부활의 현장에도 함께할 수 있었습니다. 그들은 예수께서 어느 곳에 장례 되었는지 보았기에 누구보다 먼저 예수의 무덤으로 달려갈 수 있었던 것입니다.

신뢰가 무너지면 관계는 끝나게 되어 있습니다. 하나님과의 관계뿐만이 아니라 인간관계도 마찬가지입니다. 남을 배려하는 마음보다 자기 이익을 먼저 구하게 되면, 신뢰는 무너지게 되고 결국은 심한 상처만 남게 됩니다.

가룟 사람 유다의 모습과 끝까지 예수의 고난 길에 동행을 했던 이름도 빛도 없이 예수를 섬겼던 여인들이 누구보다도 먼저 부활의 영광도 누리게 되는 모습을 보며, 나의 삶을 다시 뒤돌아보게 됩니다. Happy Easter!

-미국에서의 나의 목회

1990년 7월 중순, 김포공항에서 친지들과 작별 인사를 나누고 미국 디트로이트 공항까지 가는 [North West Airline]에 우리 네 식구는 긴장된 마음으로 비행기에 올랐다.

미국 이민이 쉽지 않은 일이라는 것을 미리 알려 주기나 하듯이 사고가 생겼다. 기체 고장으로 비행기 안에서 4시간여 기다리다 결국 그날 출발을 못하고, 서울 롯데 호텔에서 하룻밤을 지내고 나서야 출발할 수 있었다.

그 당시 디트로이트 공항은 국제공항이란 이름이 무색하게 아주 낙후되어 있어서 잔디밭에 내려 입국심사를 마치고 클리블랜드 오하이로 가는 작은 경비행기에 옮겨 타게 되었다. 끝에서 끝이 보이지 않는 이리 호수(Lake Erie)를 곡예 비행하듯이 비행 끝에 클리블랜드에 도착하여 부모님과 막내아우가 살고 있던 에크론 오하이오에서의 이민 생활이 시작되었다.

가족들이 먼저 와 있었기에 뒤늦게나마 공부를 더 할 수 있겠지 하는 막연한 기대감을 가지고 태평양을 건너왔지만, 그 기대감이 잘못되었음을 깨닫기까지 오랜 시간이 필요치 않았다.

8살 아들과 6살 딸아이는 동생네 도움으로 학교에 들어갔고, 아내는 집에서 부모님과 함께 지내며 아이들을 돌보고, 나는 애크론 대학 어학연수원에서 영어 공부를 하며 지냈는데, 그해 추수감사절 무렵 아내가 울먹거리며 "더 이상 이곳에 살 수 없으니 한국으로 돌아가자"는 것이었다.

언어와 문화가 다른 곳에서 적응이 제대로 되지 않아 그런가 보다 생각했는데, 그것이 일시적인 힘듦이 있어서가 아님을 곧 알게 되었다. 그러나 부딪쳐 보지도 못하고 다시 고국으로 돌아갈 수는 없었다.

한 학기가 끝난 후, 아이들은 부모님께 맡기고 삶의 자리를 찾아 아내와 함께 지도 한 장 앞에 놓고 콜롬비아 메릴랜드로 향하였다. 7시간이면 갈 수 있는 곳을 13시간이나 걸려 도착하였다. 그곳에 강미정 집사의 가족이 살고 있었고, 당시 미국 내 제일 큰 한국 식품회사인 아씨 상표의 '리 브러더스'에 일자리를 얻게 되었다. 뒤돌아보면 그분들의 도움이 없었다면 낯선 땅에서 가족들을 떠나 새롭게 이민 생활을 시작하지 못했을 것이다.

그 사이에 부모님께서는 뉴욕으로 이사를 하셨고 어느 날 부모님을 찾아 뵈러 가다가 펜실베니아 95 고속도로에서 사고가 나서 아내가 큰 부상을 입고 몇 개월 쉬게 되면서 생각을 바꾸어 세탁일을 배우기 시작했다.

그냥 노동을 하는 것보다 세탁소 비즈니스를 하는 것이 생활의 안정을 가질 수 있기에 부지런히 세탁 일을 배웠다. 그때 도움을 주신 정 사장님, 함께 일하던 이종진 집사를 잊을 수가 없다. 그분들의 친절이 없었다면 그 당시 참 어려웠던 삶을 견디어 내지 못했을 것이다.

그러던 중 나의 삶에 아주 획기적인 변화가 생겼다. 미 연합감리교 선교부 한인 목회 총무로 뉴욕선교 본부에 계시던 형님(고 정춘수 목사)께서 젊은 나이에 위암으로 세상을 떠나신 것이다. 부모님이 정정하게 살아계시는데, 목사 아들인 장남이 세상을 떠났으니 얼마나 상심이 크실까 하는 생각이 들었다.

어머니의 기도대로 내가 이제는 목회를 해야 하지 않을까 하는 생각이 미치기 시작하였다. 고민을 거듭하며 기도하다가 결단을 내리고 6년여 만에 다시 클리블랜드 오하이오로 이사를 하고 준비한 지 1년여 만에 개척교회(우리 교회)를 시작하고 시카고 지방에 속하게 되었다.

신학을 공부한 지 15년 만에 목사 안수를 받고 감리교 목사가 되었다. 가족들이 함께 하여 개척교회답지 않게 교회가 자리를 잡아갔고 안정되어갔다. 목회자의 삶을 시작하면서 제일 먼저 한 것이 말씀을 묵상하고 묵상글을 써서 작은 전도용 책자를 만들어 나누기 시작한 일이다. 뿐만 아니라 인터넷을 통하여 각국에 흩어져 있는 지인들과 나누기 시작하였다. 아직까지도 덴버에 있는 기독교 신문인 《빛과 소금》에 묵상글이 연재되고 있다.

10여 년간 오하이오에서의 목회생활은 비록 생계를 위하여 일과 목회를 병행했기에 힘들기는 했지만, 가족들이 함께 하며 열심히 모여 자립하는 교회로 성장할 수 있었기에 얼마나 보람있고 감사했는지 모른다.

그러던 차에 샌프란스에 있는 미서북부 지방에서 서부지역에 개척할 사람을 찾고 있었다. 가족회의 가운데 아들이 이제 마지막으로 개척 선교를 해 보는 것이 좋겠다고 응원을 해서 한국에서 목회를 하고 있던 후배 목사를 오하이오로 오게 하고 개척을 하기 위하여 서부로 향했다.

그것이 동, 서부를 오가며 목회를 할 수 있게 된 동기가 된 것이다. 살리나스 캘리포니아와 새크라멘토, 그리고 볼더 콜로라도를 거쳐 애리조나주 피닉스감리교회에 부임한 것이 2014년 11월 첫 주였다.

볼더 이야기

피닉스로 가기 전에 잠깐 콜로라도 볼더 이야기를 좀 해야 할 것 같다. 왜냐하면 볼더(Boulder, Colorado)란 곳은 미국에서 제일 살기 좋은 도시로 수년째 1위를 하고 있는 곳이기도 하지만, 나에게는 그곳으로 옮겨갈 두 번의 기회가 있었기 때문이다.

첫 번째는 교단이 다른 교회에서 청빙이 있었으나 감리교단을 떠나지 않고 캘리포니아 살리나스 개척을 택했었고, 몇 년 후 두 번째 기회가 온 것인데 감리교회인 볼더아름다운교회의 부름이 있어서였다.

볼더는 록키산맥(Rocky Mt.)의 동쪽 관문이라 할 수 있다. 덴버에서 이곳을 지나야 산에 오를 수 있기 때문이다. 한반도와 비슷한 위도에 위치하고 있고, 연중 300일 이상이 화창하고 자연환경이 아름다운 곳이다. 단 하나 해발 1,600m로 높은 지대이기에 적응하기 위하여 몇 개월 고생을 하는 것이 단점이긴 하다.

볼더의 산세는 아름답기로 유명하다. 엘도라도 캐년 주립공원이 있고, 산이 통째로 바위로 되어 있는 "Flatirons Mt" 다리미산 자락의 소나무밭과 어울려 도시 전체가 아름다운 병풍에 둘러싸여 있는 것 같은 평온함이 있다.

이곳에서 7년여 목회를 하는 동안 내 영혼을 맑게 해 준 만남이 있었다.

첫째는 아름다운 자연과의 만남이다. 록키산맥과 나무숲에 흘러내리는 맑은 물과 호수는 늘 나의 마음과 영혼을 맑게 해 주었었다.

두 번째는 콜로라도 주립대학을 중심으로 삶의 자리를 지키고 있는 현지인들과 유학생 및 연구교수 가족들과의 만남이었다. 볼더아름다운교회의 성가대는 덴버의 어느 교회 못지 않는 실력을 지니고 있었다. 왜냐하면 음악 전공자들이 지휘와 반주와 성가대원으로 활동하고 있었기 때문이다. 이들이 콘서트를 할 때마다 얼마나 행복했는지 모른다. 이곳을 거쳐 간 이들이 한국 곳곳에서 교수로 후학들을 가르치고 있다.

세번째는 "콜로라도의 달 밝은 밤에…" 노래를 하듯이, 새벽기도를 하기 위하여 교회로 향할 때마다, 혹은 새벽기도를 마치고 집으로 돌아올 때 볼더 뒷산으로 손에 닿을 듯 가까이 넘어가는 둥근 보름달은 정말 장관이었다. 동시에 동쪽에서 붉게 떠오르는 태양을 달과 한자리에서 만날 수 있는 감동은 일찍 살아 움직이는 자만이 받을 수 있는 은총이었다.

광야만큼이나 영성이 맑아지던 곳이었기에 그곳을 떠나올 때, 다시 이렇게 좋은 환경에서 살아볼 수 있을까 하는 아쉬움이 있었다. 그래서 그랬는지도 모르지만, 그곳을 방문하는 동료 목회자들이 얼마나 우리 내외의 삶을 부러워했는지 모른다. 지금도 그때의 좋은 사람들이 그립다.

Chapter 5
부활절 묵상

▲사와로 선인장 꽃

부활절(Season of Easter)은 생명살림과 희망의 계절입니다. 부활절기는 부활절부터 성령강림절로 마치는 50일간입니다. 교회는 부활의 기쁨과 감격이 넘치는 삶을 살아가야 합니다. 이 시기에 설교자는 생명살림과 희망이 넘치는 메시지를 전하게 됩니다. 실패와 낭패, 질병으로 인하여 아파하고 좌절을 느끼는 사람들에게 하늘의 위로를 전하는 계절입니다.

부활 이후 달라진 삶

사도행전 Acts 4:32-35
믿는 무리가 한마음과 한뜻이 되어 모든 물건을 서로 통용하고 자기 재물을 조금이라도 자기 것이라 하는 이가 하나도 없더라(32).

....

이게 무슨 꿈 같은 소리인가? 자기 재물을 자기 것이라 생각지 않고 서로 나눠 써서 부유한 사람도, 가난한 사람도 없었다니 말입니다.

처음 예수 공동체 사람들은 십자가상에서 피 한 방울까지도 다 흘리며 아낌 없이 자기 자신을 내어 주셨던 예수께서 부활하심으로 생명 주심을 체험했던 사람들입니다.

임박한 종말론, 예수께서 승천하신 대로 다시 오실 것을 보게 되리라 전해졌기에(행 1:11), 자기 이익에 얽매이지 않고 한마음과 한뜻을 가지고 예수께서 알려주신 삶의 방식을 이루며 재산을 팔아 공동체에서 함께 사용할 수 있었습니다.

그러나 그것이 단순히 임박한 종말론 때문은 아닙니다. 그리스도인의 재물관은 "자기 것이라 하는 이가 하나도 없었다"(32절). 여기에서 시작되기 때문입니다.

재물이 우선이라 생각하는 이들이 살아가는 세상이기에 모든 것이 내 것이라 생각하기 때문에 나눔이 어렵게 될 수밖에 없는 것입니다.

예수 믿는 사람들은 십자가의 예수를 바라보고 한마음 한뜻이 되어 청지기로서의 삶을 살아가야 합니다. 모든 것이 주의 손에서 받은 것이기에(역대상 29:14), 그분이 쓰시고자 할 때 언제든지 드릴 수 있고 나눌 수 있는 것이 부활 이후의 신앙입니다

Shalom!

누군가 당신에게 상처를 준다면 용서를 실천할 기회입니다.

힘든 일이 있다면 강해질 수 있는 기회입니다. 이런 생각을 해보고 실천할 덕목을 찾지 못하거나 어떤 유익을 얻지 못하는 상황이 있는지 살펴보십시오. 하나도 없습니다. 모든 장애물은 어떤 형태로든 행동을 진전시킬 수 있습니다. 어떤 이유로 정시에 목적지에 도착하지 못하는 경우 인내심을 발휘할 수 있는 기회입니다. 직원이 값비싼 실수를 저질렀다면 이것은 귀중한 교훈을 가르칠 수 있는 기회입니다. 컴퓨터 결함으로 인해 작업이 지워지면 백지상태에서 다시 시작할 수 있는 기회입니다.

부활 신앙을 가지고

사도행전 Acts 5:27-32

우리는 이 일에 증인이요, 하나님이 자기에게 순종하는 사람들에게 주신 성령도 그러하니라 하더라(32).

We are witnesses of these things, and so is the Holy Spirit, whom God has given to those who obey him.

....

사도신경에 예수께서 "본디오 빌라도에게 고난을 받아 십자가에 못 박혀 죽으시고, 장사된 지 사흘 만에 죽은 자 가운데서 다시 살아나셨다" 하였지만, 사도들은 대제사장들을 향하여 "너희가 나무에 달아 죽인 예수를 우리 조상의 하나님이 살리셨다"(30절), 분명히 증거하고 있습니다.

제자들이 이렇게 증거를 하였던 것은, 그들로 하여금 회개하고 죄 사함을 받으라 한 것입니다(31절). 제자들에게는 이 일에 대하여 증언자들이었기에 아무리 권력자들이 위협을 하고 억압하고 짓누르려고 하여도 "우리가 사람보다 하나님께 순종하는 것이 마땅하다"(29절), 더 담대하게 외칠 수 있었던 것입니다.

부활 신앙인들은 영원한 생명을 주신 예수 그리스도에 대하여 증언자가 될 수밖에 없습니다. 말씀에 순종하는 자들에게는 성령께서 늘 임재하셔서 쓰임을 받게 하시기 때문입니다.

감리교의 영성은 실천적 영성입니다. 우리가 성경의 말씀을 실천적으로 살아내고 있느냐는 것입니다. 처음 기독교 공동체처럼 예수 그리스도의 십자가 은총을 열정적으로 전하느냐 입니다.

두려움이 아니라 하나님의 말씀에 순종하는 열정이 있었기 때문에 목숨을 내어 놓고 부활의 증언자로 복음을 전할 수 있습니다.

함께 한다는 것

시편 Psalms 133편
보라 형제가 연합하여 동거함이 어찌 그리 선하고 아름다운고!
How good and pleasant it is when brothers live together in
unity!

....

다윗이 이스라엘을 통치했던 시기가 기원전 1010년~970년이
니, 우리는 그 당시 중동의 가족법을 먼저 알아볼 필요가 있습니
다.

마치 미국의 원주민 사회처럼 토지와 목초지는 사거나 팔거나
나누지 않은 채 아버지에게서 아들들에게 넘어갑니다. 그러니 유
목민들이었던 히브리 민족들은 형제들이 늘 함께 동거할 수밖에
없던 때입니다.

야곱의 아들들이 열두 형제들이었지만, 배다른 형제들 사이에
동거함이 불편함도 있었던 것은 형제들이 요셉을 애굽에 종으로
팔아넘긴 사건이었습니다(창 13-27장 참고).

시인 다윗은 형제가 연합하여 동거함이 선하고 아름답다 하지
만, 단순히 한 가정의 형제들만을 이야기하는 것이 아니고 이스라
엘 모든 민족을 이야기하고 있습니다. 다윗이 예루살렘에 수도를
정하고 성전 건축을 간절히 원했던 것은 이스라엘(야곱) 12지파(형

제)들이 정치적 신앙적으로 하나 되는 구심점을 만들기 원했기 때문입니다.

통일 왕국이 이루어졌지만, 사울 왕가를 따르고 지지했던 사람들과 심지어 아들들이 반란을 일으키기까지 하는 등 갈등과 아픔을 계속하여 겪을 수밖에 없었기에 형제가 연합하여 동거함이 어찌 그리 선하고 아름다운가? 하나님의 은총인 영생을 노래하게 된 것입니다. 결코 쉽지 않은 일이긴 하지만, 더불어 함께 함이 얼마나 아름다운 일입니까?

Shalom!

형제가 연합하여 함께 사는 것은 얼마나 선하고 즐거운 일입니까! 시편 기자는 형제 연합의 아름다움과 조화에 대한 기쁨과 감사를 표현하고 있습니다. 이 구절의 핵심은 사람들이 서로 조화와 평화를 이루며 살아갈 때 유대감, 상호 존중, 공동체 의식이 더욱 강해진다는 것입니다. 다른 사람들과 단합하여 생활하면 소속감, 지원, 동지애 등 많은 이점을 얻을 수 있습니다. 또한 긍정적인 태도를 장려하고 갈등을 줄이며 더 나은 사회를 만드는 데 도움이 될 수 있습니다. 사람들이 공동의 목표를 향해 함께 일할 때 더 큰 일을 성취하고 더 큰 영향력을 발휘할 수 있습니다. 전반적으로 이 명언의 메시지는 단결과 조화가 개인과 공동체 모두의 행복하고 만족스러운 삶을 위해 필수적입니다.

말씀이 육신이 되신 분

요한일서1 John 1:1-4
태초부터 있는 생명의 말씀에 관하여는 우리가 들은 바요 눈으로 본 바요 자세히 보고 우리의 손으로 만진 바라(1).
That which was from the beginning, which we have heard, which we have seen with our eyes, which we have looked at and our hands have touched--this we proclaim concerning the Word of life.

....

요한일서를 기록하게 된 배경은 교회의 회중 가운데 '육신으로 이 세상에 오신 나사렛 예수'를 부정하는 사람들이 있었기 때문입니다.

"여우도 굴이 있고 공중의 새도 집이 있으되 인자는 머리 둘 곳이 없도다"(눅 9:58). 늘 가난하고 비천한 가운데 살아가는 이들과 친구가 되어 더불어 살아가면서 그들을 감싸주시고 일으켜 세워 사람답게 살게 하셨던 나사렛 예수. 기득권자들에 의하여 박해를 받으며 십자가에 죽임을 당할 수밖에 없었을 때에 어떻게 하나님의 아들이 십자가에 못 박혀 죽으실 수가 있느냐, 그는 그리스도가 아니라 부정한 사람들이 있었던 것입니다.

요한은 그리스도께서 육신으로 이 세상에 오셨다는 사실, 즉 그리스도가 실제로 사람이 되셨다는 사실을 분명히 전하고자 했습니다.

"예수 그리스도께서 육체로 오신 것을 시인하는 영마다 하나님께 속한 것이요, 시인하지 않는 것은 하나님께 속한 것이 아니라 거짓 교사들의 가르침이란 것을 말합니다"(요한일서 4:2-3).

우리와 똑같이 육신으로 이 세상에 오셔서 우리를 길과 진리와 생명으로 이끌어 주셨기에(요 14:6), 우리가 예수를 따를 수 있는 것이지 신적인 존재뿐이었다면 우리는 예수를 따를 수가 없었을 것입니다. 진정으로 예수를 따르는 기쁨이 충만했으면 합니다.

Shalom!

"나는 포도나무요 너희는 가지니 저가 내 안에, 내가 저 안에 있으면 이 사람은 과실을 많이 맺나니 나를 떠나서는 너희가 아무것도 할 수 없음이라"(요한복음 15:5).

포도나무와 가지에 대한 이 우화에서 예수께서는 야훼께서 가나안에 심으신 최고의 포도나무인 이스라엘에 대해 거의 확실하게 생각하셨고 이스라엘과 하나님의 새로운 공동체 사이의 연속성을 가정하셨습니다.

비유의 본질적인 메시지는 포도나무가 포도를 맺는 기능만큼이나 열매를 맺는 것이 그분의 백성을 위한 하나님의 목적이라는 점에서 분명합니다. 얼마나 많은 그리스도인들이 열매를 맺는다는 것이 사람들을 그리스도께 인도하는 데 성공하는 것을 의미한다고 생각하는지 놀랍습니다.

당신의 기본 설정은 우선은 자기 자신을 위해 사는 것일 수 있지만, 예수께서는 당신이 주님 안에 살도록 초대합니다. 주님의 생명이 당신을 통해 풍성하게 흐르도록 하십시오.

보냄 받은 증언자

요한복음 John 20:19-23

예수께서 또 이르시되, "너희에게 평강이 있을지어다. 아버지께서 나를 보내신 것 같이 나도 너희를 보내노라"(21).

Again Jesus said, "Peace be with you! As the Father has sent me, I am sending you."

....

예수께서 이 세상에 오신 것은 세상이 줄 수 없는 평화를 주시기 위함입니다. 탄생 때도 "하늘에는 영광, 땅에는 기뻐하신 사람들 중에 평화"(눅 2:14)라 했습니다.

부활하신 예수께서 처음 하신 인사도 "너희(여러분)에게 평강(평화)이 있을지어다"였습니다. 주님께서 평화를 빌 때, 제자들에게 모든 두려움과 슬픔이 사라졌고 큰 기쁨이 생겨났습니다(20절). 얼마나 두려움이 컸으면 모인 곳의 모든 문을 다 걸어 닫았겠습니까?(19절).

오늘 본문의 핵심은 두 가지입니다. 첫째는 파송인데 "아버지께서 나를 보내신 것 같이(요 3:16절) 나도 너희를 보낸다" 하신 것은 우리가 예수를 믿고 따르게 된 후에는 예수를 통하여 세상에 증언자로 파송된 사람들이란 의미입니다.

둘째는 성령 전달인데, 숨을 내쉬며 말씀하시기를 "성령을 받으라!" 하셨습니다. 우리를 세상으로 내보내시면서 그냥 내버려두시는 것이 아니라 그 직분을 감당하도록 성령의 능력을 힘입혀 주십니다. 성령의 임재와 성령 받은 사람으로서의 삶이 요구되는 것입니다.

"너희가 누구의 죄든지 사하면 사하여질 것이나, 그대로 두면 그대로 있을리라"(23절). 우리(나)의 삶이 어떠해야 할지 알려주시는 말씀입니다.

Shalom!

예수님은 "평화가 너희에게 있을지어다 아버지께서 나를 보내신 것 같이 나도 너희를 보내노라"고 말씀하셨습니다. 예수님께서 죽음에서 부활하셔서 제자들에게 나타나신 후 제자들에게 하신 말씀입니다. 이 말씀에서 예수님은 제자들에게 나가서 자신이 지상에서 시작했던 일을 계속하라고 위임하고 계십니다. 아버지 하나님께서 복음을 전하고 세상에 구원을 가져오기 위해 자신을 보내셨던 것처럼, 이제 제자들에게도 같은 일을 하도록 보내신다고 말씀하고 계십니다. 이 말씀은 더 깊은 영적 의미를 담고 있습니다. 하나님을 알고 하나님과의 관계에서 오는 평화를 나타내며, 이 평화는 예수님을 따르고 그분의 사명에 동참하는 모든 사람이 누릴 수 있다는 것을 상기시켜 줍니다.

평안을 위하여 기도하십시오

시편 Psalms 4:1-8

내가 평안히 눕고 자기도 하리니 나를 안전히 살게 하시는 이는 오직 여호와이시니이다(8).

I will lie down and sleep in peace, for you alone, O LORD, make me dwell in safety.

....

종교란 아무리 내세를 지향한다 해도 곤고한 삶 가운데 평안을 원하는 인간의 요구가 있기 때문입니다. 긍휼(은혜)을 베푸시는 하나님, 그래서 그분께 도움과 평안을 구하게 되는 것입니다(1).

12년 동안이나 혈루병을 앓던 여인이 예수님의 옷자락에라도 손을 대면 은혜로 치유해 주실 것을 믿었기 때문에 행동으로 옮기게 됩니다(눅 8:45-48).

은혜를 베풀어 주시는 분으로 하나님을 믿는 사람은 어떤 곤경함 속에서도 하나님의 도우심을 바라보게 되는 것입니다. COVID-19 팬데믹 사태 속에서 일 년여 동안 대면 예배를 드리지 못하다가 부활주일에 큰 기쁨으로 대면 예배를 드렸습니다.

물론 온라인으로도 예배를 동시에 드리며 교우들이 백신을 다 맞았으니 이제는 대면 예배를 드려도 되지 않을까 했으나 몇 주일 더 온라인으로 예배를 드리기로 결정을 하고 마음에 평안이 없게 되었을 때에, "내 영혼아 네가 어찌하여 낙심하며 어찌하여 내 속에서 불안해하는가? 너는 하나님께 소망을 두라 그가 나타나 도우심으로 말미암아 내가 여전히 찬송하리로다"(시 42:5) 말씀이 들려왔습니다.

부정적인 마음이 들 때, 은혜 베푸실 줄 알고 끝까지 도움을 구할 수 있어야 곡식과 포도주를 거둘 때보다 더 큰 기쁨으로(7) 우리에게 평화를 누리게 해 주실 겁니다.

신뢰 받는 사람으로

요한1서 1 John 3:13-18
자녀들아 우리가 말과 혀로만 사랑하지 말고 행함과 진실함으로 하자 (8).
Dear children, let us not love with words or tongue but with actions and in truth

....

로마 황제 '율리우스 카이사르'가 동료이자 친구였던 '브루트스'에게 암살당하면서, "브루트스 너마저…"라고 그 배신감에 가슴 아파하며 죽어갔다는 이야기는 우리 주변에서 늘 일어나는 이야기인 것 같습니다.

하나님과의 신뢰 관계를 믿음이라 하듯이 사람들과의 관계 역시 신뢰가 우선입니다. 사람을 사랑하거나 신뢰한다는 것이 어디까지인가? 가장 사랑하고 가장 신뢰했던 사람에게서 배신행위를 느꼈을 때, 사랑이나 신뢰에 대한 혼란스러움이 생길 수밖에 없습니다.

말은 가장 거룩한 척 성자처럼 해놓고 뒤돌아서서 등에 칼을 꽂는 듯한 행동을 한다면, 형제를 사랑한다 말하면서도 형제가 당하는 어렵고 힘든 삶을 보면서도 도와 줄 마음을 닫는다면, 어찌 그 마음에 하나님의 사랑이 있다 할 수 있겠는가 묻고 있습니다(17).

팬데믹 사태 속에서 침묵 가운데 살면서 말씀을 묵상하고 내면을 더 살피며 살고 있는 것은 어찌 보면 축복이 아닐 수 없습니다. 힘들고 지쳐있는 상태에 있는 사람을 손 내밀어 붙잡아 주지는 못할망정 자빠뜨려 일어나지 못하게 짓밟아버리려 하는 행동을 하면서 은혜 아래 머물러 있는 사람처럼 살아서는 안 됩니다.

신앙인으로 끝까지 진실한 삶이었으면 합니다.

쓰임 받는 사람으로

사도행전 Acts 9:1-9

대답하되 주여 누구시니이까? 이르시되 나는 네가 박해하는 예수라(5).

"Who are you, Lord?" Saul asked. "I am Jesus, whom you are persecuting," he replied.

....

예루살렘에서 시작된 예수의 복음을 이방 지역에 전할 증언자가 필요했습니다. 당시 예루살렘은 정치적으로 로마의 통치를 받고 있었고, 희랍문화권 안에 있었는데, 바울의 아버지는 희랍 사람이었고 어머니는 유대인이었기에 희랍문화권 아래서 자연스럽게 성장한 사람이었습니다.

히브리와 아랍문화권 아래서 성장한 예수의 제자들만으로는 희랍권에 복음을 전하기 쉽지 않은 환경이었던 것입니다. 그렇기 때문에 사울(바울)의 회심 사건은 소름이 끼칠 정도로 극적인 면이 있습니다. 가장 광적으로 교회를 핍박하던 자가 가장 위대한 선교자가 되는 과정이 그려져 있기 때문입니다.

바울은 가장 충실한 주의 일꾼으로 가장 큰 영향력을 끼친 전도자로 세움 받게 됩니다. 자신의 목숨까지도 예수를 위하여 아낌없이 내어 드린 사람이 바울입니다. 하나님께서 쓰시고자 하면 어떤 사람이라도 회개시켜 사용하신다는 것을 알게 됩니다.

어떤 분야에서라도 쓰임 받기 위해서라면 준비하고 배우고 훈련하는 일에 게으르지 말아야 합니다. 나이 들어갈수록 '내가 이 나이에 하지 말고' 내가 하고 싶었던 일들, 이런저런 사정으로 내가 하지 못했던 일들, 지금이라도 시작해 보십시오. 힘이 저절로 나게 되며, 어느 순간이 오면 반드시 쓰임 받게 될 것입니다.

몸과 마음을 움츠리지 마십시오.

Shalom!

성경은 "이 예언의 말씀을 읽는 자와 듣는 자들과 그 가운데 기록한 것을 지키는 자들이 복이 있다"고 가르칩니다. 우리들에게 있어서 무엇보다 더 중요한 것은 매일 매일의 삶입니다. 성경에 나타나는 복에는 두 가지 차원의 것이 있습니다.

첫째는 물질적이고 현세적인 차원의 복이요, 둘째는 영적이고 내세적인 차원의 복입니다. 전자가 부차적이고 상대적이며 일시적인 복이라고 하면, 후자는 보다 근본적이고 절대적이며 영원한 복이라고 할 수 있습니다.

그런데 신실한 신앙인들조차 자신도 모르게 전자의 복을 쫓는 경우가 많습니다. 참된 복은 인간이 추구함으로써 얻어지는 것이 아니고 하나님으로부터 인간에게 주어지는 것이며, 그것은 하나님과 인간 사이의 올바른 관계에서 나오는 순종에서 비롯된다는 것을 명심하세요.

주님, 당신의 말씀에 무관심하지 않게 하소서. 내가 당신의 말씀을 듣고 내 삶에 실천할 때 내 안에 그리스도의 형상이 이루어지게 하소서.

생명 살림 신앙

사도행전 Acts 4:5-12

사도들을 가운데 세우고 묻되 너희가 무슨 권세와 누구의 이름으로 이
일을 행하였느냐?(7)

They had Peter and John brought before them and began to
question them: "By what power or what name did you do this?"

....

베드로와 요한이 성전 아름다운 문 앞에서 나면서부터 걷지 못
하여 구걸을 하는 사람을 바라보다가 그에게 다가가 "은과 금은
나에게 없지만, 내게 있는 이것을 네게 주노니 나사렛 예수 그리
스도의 이름으로 일어나 걸으라." 그의 오른손을 잡아 일으켜 세
우니 걷기도 하고 뛰기도 하며 하나님을 찬양하게 됩니다(행 3:1-
8).

기독교의 핵심 복음 중 하나는 부활 신앙, 즉 다시 살아남의 삶
에 있습니다. 사도들이 성령이 충만하여 예수 안에 죽은 자의 부
활이 있다고 전함으로 부활이 없다는 자(사두개인들)들에게 핍박을
받게 됩니다(4:2).

예수는 부활이요 생명이신 분입니다(요 11:25). 생명 신앙은 성
령이 충만해야 가능해 지는 것입니다. 성령이 내 안에, 내가 성령
안에 있을 때(요1서 3:24), 나사렛 예수의 생명이 충만해질 수 있습

니다.

  마지막 때에 알곡은 곳간에 모아들이고 쭉정이는 불에 태워지듯이(마 3:12), 알곡다운 삶을 살아내기 위해서는 나사렛 예수의 이름으로 새 힘을 얻고 생명을 일으켜 세울 수 있는 능력이 필요합니다. 다시 살아남의 부활 신앙을 지니게 되면 삶이 담대해집니다.

  나사렛 예수의 이름으로 병을 고치고 주저앉은 자들을 일으켜 세우며 소망을 잃은 자들에게 하늘의 소망을 전할 수 있는 생명 살림이가 됩니다.

사랑과 평화를 실천해야

요한1서 1 John 3:23-24

그의 계명은 이것이니 곧 그 아들 예수 그리스도의 이름을 믿고 그가 우리에게 주신 계명대로 서로 사랑할 것이니라(23).

And this is his command: to believe in the name of his Son, Jesus Christ, and to love one another as he commanded us.

....

예수님의 계명은 하나님의 아들 주 예수 그리스도를 믿고 서로 사랑하는 것입니다.

예수께서는 말씀하시기를 "새 계명을 너희에게 주노니 서로 사랑하라. 내가 너희를 사랑한 것 같이 너희도 서로 사랑하라"(요 13:34) 하셨습니다.

예수께서 우리를 어떻게 사랑하셨길래 우리로 하여금 서로 사랑하라 하셨을까 궁금하지 않습니까? "세상에 있는 자기 사람들을 사랑하시되 끝까지 사랑하시니라"(요 13:1).

사랑은 말이나 글이 아니라 사랑은 실천입니다. "너희가 서로 사랑하면 이로써 모든 사람이 너희가 내 제자인 줄 알리라"(요 13:35).

우리가 어떻게 주 안에 거할 수 있을까요? 예수께서 주신 계명을 지키는 사람이 주 안에 거하는 것이고 주님이 내 안에 거하시게 되는 것입니다.

예수께서 사랑의 본을 보여 주셨습니다(요 15:9-10). "내가 아버지의 계명을 지켜 그의 사랑 안에 거하는 것 같이 너희도 내 계명을 지키면 내 사랑 안에 거하리라."

교회는 예수의 사랑과 평화를 실천하는 공동체가 되어야 하고 우리는 이 사랑의 화신이 되어 세상을 변화시키는 사람들이 되어야 합니다.

Shalom!

예수 그리스도를 믿는다는 것은 그분을 하나님의 아들로 인정하고 우리의 주님과 구세주로 받아들이는 것을 의미합니다. 여기에는 그분을 믿고 그분의 희생적인 죽음과 부활을 우리가 하나님과 화해할 수 있는 수단으로 신뢰하는 것이 포함됩니다.

예수님의 명령대로 서로 사랑한다는 것은 예수님께서 우리를 위해 목숨을 바치셨을 때 보여주신 것처럼 이타적이고 희생적인 사랑을 다른 사람에게 보여주는 것을 의미합니다. 이러한 사랑은 단순한 감정이 아니라 타인의 안녕과 최선의 이익을 추구하는 행동입니다. 따라서 그리스도인으로서 우리는 예수님을 믿고 그리스도의 희생적인 사랑을 반영하는 방식으로 다른 사람을 사랑하도록 부름받았습니다.

슬픔이 변하여 기쁨이 되길

시편 Psalms 30:1-12
주께서 나의 슬픔이 변하여 내게 춤이 되게 하시며 나의 베옷을 벗기고
기쁨으로 띠 띠우셨나이다(11).
You turned my wailing into dancing; you removed my sackcloth
and clothed me with joy,

....

아무도 원하지 않는다 해도 만약에 우리의 삶이 뜻하지 않게 비
탄에 처하게 될 때, 나는 어떻게 할 것인가?

고통 속에서 자신을 살피면서 자책하든지 남을 원망하면서 속
이 타들어 가든지, 왜 나를 이처럼 곤욕 가운데 처박으십니까? 주
님 앞에 울부짖으며 나를 도우소서. 간구를 하든지. 어쩌면 이 세
가지를 반복할 수도 있을 것입니다.

시편 시인은 "여호와여 내가 주께 부르짖고 간구하오니 내 말을
들으시고 내게 은혜를 베푸소서 나를 돕는 자가 되어 주소서"(8-
10) 기도합니다.

기도를 하고 났더니 주께서 베풀어 주신 긍휼하심으로 절망적
슬픔은 마음의 안정 속에 희망의 춤으로 바뀌게 되었습니다. 시편
시인이 경험했던 슬픔은 절망적 상황이고, 춤은 기쁨의 절정의 표
현입니다.

슬픔과 절망의 베옷을 벗어 버리고 하나님의 은혜로 기쁨이 회복되는 삶을 감사하며 노래하고 있습니다. 오늘의 삶 속에서 슬픔이 변하여 기쁨이 되는 신앙적인 체험이 있기를 기도하십시오.

나는 삯꾼이 아닐까?

요한복음 John 10:11-16

나는 선한 목자이다. 선한 목자는 양들을 위하여 자기 목숨을 버린다 (11-새번역).

"I am the good shepherd. The good shepherd lays down his life for the sheep"

....

'선한 목자'(καλός 칼로스)는 도덕적으로 착한, 그래서 모든 면에서 흠잡을 것이 없다는 뜻입니다.

목자라는 개념은 구약성서에서 하나님께 적용된 용어입니다. 시편 23편에서 "여호와는 나의 목자시니…" 다윗은 목동 출신으로 하나님은 목자가 되셔서 양을 인도하고, 관리하고, 보호하며 양육하는 목자가 되심을 경험하게 되었기에 여호와는 나의 목자시라고 고백했습니다.

선한 목자의 특징은 양들을 위하여 자기 목숨을 버립니다. 예수(선한 목자)와 당시 유대 종교 지도자들과 대조되는 것은, 예수는 양들을 위하여 목숨을 버렸지만, 종교 지도자들은 양보다는 자신이 받을 삯에 관심이 있었습니다.

목자와 대조되는 명칭이 삯꾼(품꾼)입니다. 품꾼은 삯을 받고 일하는 사람입니다. 그들의 관심은 품값인 돈에 있을 수밖에 없습니다. 그렇다고 삯꾼을 무조건 나쁘게 생각해서는 안 됩니다. 자기 몸을 돌보지 않고 열심히 일하는 품꾼도 얼마든지 있기 때문입니다.

물론 목자와는 다를 수 있겠지요. 목회를 하면서 삯꾼이 되지 않으려 무던히 애쓰며 살아왔는데, 과연 나는 주님의 양들이 아파하고 힘들어 할 때, 내가 진심으로 그들의 곁에 있었는가? 아버지께서 나를 아시고 내가 아버지를 아는 것같이 선한 목자로 나는 내 양을 알고 양들은 나를 안다고 하신 예수님처럼 나는 그들을 알고 그들은 나를 얼마나 알까? 나는 선한 목자인가 아니면 삯꾼인가?

Shalom!

몇몇 바리새인과 율법 교사들이 예루살렘에서 왔습니다. 제자들이 부정한 손으로 음식을 먹는 것을 보고 몹시 놀랐습니다. 이것은 위생 문제가 아니라 장로들의 전통에 따른 예식상의 순결 문제였습니다. 마가는 이방인 독자들에게 "저희가 다른 많은 전통을 지키나니 곧 잔과 주전자와 주전자를 씻는 것과(마 7:4)"라고 설명합니다.

복음은 '예루살렘에서 시작하여 모든 민족에게' 알려져야 합니다. 하나님께서는 자신의 종이 타락한 이스라엘을 회복시키는 것은 너무 작은 일이라고 말씀하셨습니다. 흩어진 유대인이나 심지어 이방인에게도 예외 없이 주께서 그를 부르실 모든 사람을 위한 것입니다. 왜냐하면 하나님의 선물은 하나님의 부르심과 함께 확장되기 때문입니다.

우리는 각 나라와 방언에서 구원받은 자가 하늘의 별과 같고 땅의 티끌같이 많아질 때까지 유대인과 이방인에게 복음을 계속 나누어야 합니다. 그래야만 하나님께서 아브라함에게 하신 약속이 성취될 것입니다.

예수와 영원한 삶을

요한복음 John 10:22-29

내 양은 내 음성을 들으며 나는 그들을 알며 그들은 나를 따르느니라

My sheep listen to my voice; I know them, and they follow me.

....

수전절(하누카)기에 예수께서 성전을 거닐고 계실 때, 유대인들이 예수께 묻습니다. 당신이 그리스도이신지 아닌지를 말해 달라는 것입니다.

예수께서는 그들을 향하여 말씀하시기를, "내가 내 아버지의 이름으로 행하는 일들이 나를 증거하는 것이다"(25절). 내가 하는 일을 보면 내가 그리스도냐 아니냐를 알 수 있다고 대답하신 것입니다.

우리(내)가 어떻게 사람들에게 비쳐지느냐에 따라 그 사람의 삶이 드러나는 법입니다. 이 세상의 삶이 그래서 중요한 것입니다. 예수께서는 아버지의 뜻을 이루고자 자신의 영광이 아닌 아버지의 영광을 이루려 최선을 다해서 살아가신 것입니다.

사람을 평가하는 것은 그가 하는 일을 통하여 하게 됩니다. 좋은 나무가 아름다운 열매를 맺고, 못된 나무가 나쁜 열매를 맺는다(마 7:15-20) 했듯이 사람이 어떤 행위를 하느냐에 따라 열매가 달리 맺을 수밖에 없습니다.

예수를 믿고 따르는 삶은 그의 음성을 듣고 그의 계명을 따라 살아가는 일입니다. 예수와 친밀한 관계를 가진다면, 당연히 믿음의 공동체 안에 한 지체들과 친밀한 관계를 가져야 합니다.

목회자와 성도들 간에 성도와 성도 간에 친밀하게 지내야 함께 하는 일이 즐겁고 감사할 수 있습니다. 예수와 영원한 삶을 함께 했으면 합니다.

Shalom!

기록되었으되 그리스도께서 그 피를 음료로(요 6:55), 그 살을 떡으로 주셨으니 이는 누구든지 그것을 마시고 먹는 자마다 영원히 죽지 아니하리라. 그리스도로 인하여 이제 나는 마음에 강한 믿음을 가지고 하나님의 어린 양의 피가 담긴 잔을 손에 들고 그것을 마셔 영원한 생명을 얻습니다.

그 길은 광야입니다

사도행전 Acts 8:26-28

주의 사자가 빌립에게 말하여 이르되 일어나서 남쪽으로 향하여 예루살렘에서 가사로 내려가는 길까지 가라 하니 그 길은 광야라(26).

Now an angel of the Lord said to Philip, "Go south to the road--the desert road--that goes down from Jerusalem to Gaza."

....

스데반(Stephen) 집사의 순교, 그 현장에 있던 사울(바울)이 박해에 앞장서고, 예루살렘에서 일어난 심한 박해로 인하여 사도들 외의 신도들은 유대와 사마리아, 그리고 이방 지역으로 흩어지게 됩니다(행 8:1-3).

사마리아로 피신을 했던 빌립 집사에 의하여 그곳에 복음이 전파되어 큰 부흥이 일어나게 되고, 예루살렘 교회에서 베드로와 요한 사도를 보내 교회공동체를 굳건하게 세우게 됩니다(행 8:4-8).

고난을 통하여 복음이 전파되는 역사를 우리는 보게 됩니다. 사도들이 예루살렘으로 돌아간 후, 성령의 충만한 능력을 힘입은 빌립은 더 열심히 복음을 전하며 교회공동체를 섬깁니다.

그러던 어느 날, 꿈인지 환상인지 모르지만 주의 사자가 나타나 일어나서 예루살렘에서 가사(가좌 지역)로 내려가는 길까지 가라고 합니다. 그런데 그곳은 버려진 땅 광야입니다. "부름 받아 나선 이

몸 어디든지 가오리다" 입술로는 찬송을 부르지만(통 355장)(323장), 정말 아골 골짝 빈들에도, 소돔 같은 거리에도 복음 들고 찾아가고 있는가?

존귀, 영광, 모든 권세는 주님이 홀로 받으시고 멸시, 천대, 십자가는 내가 걸머지고 이름 없이 빛도 없이 감사하며 섬기고 있는가? …삶의 자리를 떠나 광야로 가라 하실 때 말없이 순종하며 따라나섰을 수 있는가? 그것이 얼마나 엄청난 결단이라는 것을 말입니다. 거기에 하나님의 뜻이 기다리고 있었습니다.

Shalom!

우리는 마음으로 하나님을 믿습니다. 그분의 말씀을 믿으며 그분이 하늘과 땅을 창조하신 여호와 하나님이심을 입으로 고백합니다. 우리는 그분이 만물의 시작과 끝이심을 고백합니다. 그분은 과거에도 계셨고, 지금도 계시고 영원토록 계실 것입니다. 하나님과 함께라면 불가능한 것은 없을 것이라고 믿습니다, 하나님은 하늘과 땅의 모든 권세가 그분께 속한다는 것을 믿습니다.

성령의 인도하심에 따라

사도행전 Acts 8:29-35
성령이 빌립더러 이르시되 "이 수레로 가까이 나아가라 하시거늘"(29).
The Spirit told Philip, "Go to that chariot and stay near it."

....

빌립의 전도 활동을 보면, 전적으로 성령의 인도하심을 받고 있음을 알 수 있습니다. 그를 광야로 내보내셨고(행 8:26), 예배하러 예루살렘에 왔다가 돌아가는 에티오피아 여왕의 관리인 내시를 만나게 되고, 그에게 말씀을 가르칠 수 있었던 것도 성령께서 인도하신 일이었으며(29), 주께서 맡기신 사명을 잘 감당했음도 성령의 인도하심이 있었기 때문입니다(39).

선지자 이사야의 글을 소리내어 읽던 내시에게 지금 "읽는 것을 깨닫느냐?" 묻는 빌립을 마차의 옆자리에 앉히고 말씀을 배우고자 하는 내시의 열정적 겸손함과 그러한 계기를 통하여 예수 그리스도의 복음을 전하고자 했던 빌립 집사가 정말 대단한 사람들이었음을 느낍니다.

"도살장에 끌려가는 양같이 끌려갔고, 털 깎는 자 앞에서 어린양이 조용함 같이 입을 열지 않고 침묵하셨으며, 굴욕을 당할 때 공정한 재판도 받지 못하셨고(사 53:7), 결국 생명을 빼앗겼으나 죽은 자 가운데 다시 살아나신 분, 예수를 가리켜 복음을 전하기 시작한 것입니다(35).

　예수 없는 교회는 기독교가 아니듯, 성령의 인도하심을 받지 못한다면 진정한 그리스도인이라 말할 수 없는 것입니다. 미래를 향한 삶이어야 배움을 두려워하거나 부끄러워하지 않습니다.

고백 속에 기쁨이

사도행전 Acts 8:36-40

길 가다가 물 있는 곳에 이르러 그 내시가 말하되 "보라 물이 있으니 내가 세례를 받음에 무슨 거리낌이 있느냐?"(36).

As they traveled along the road, they came to some water and the eunuch said, "Look, here is water. Why shouldn't I be baptized?"

....

빌립이 전해 주는 성경말씀을 통하여 예수를 바로 알게 된 에티오피아 내시는 세례를 받고 싶다는 요청을 합니다.

우리말 성경에는 37절이 없습니다만, 다른 사본에는 37절에 빌립이 이렇게 대답을 합니다. "If you believe with all you heart, you may"(당신이 온 마음으로 믿으면 그렇게 할 수 있습니다). 그러자 내시는 이렇게 대답합니다. "I believe that Jesus Christ is the Son of God"(예수 그리스도가 하나님의 아들이시라는 것을 내가 믿습니다) 〈영어 성경 NASB 번역본 참고〉 빌립에 의하여 세례를 받게 된 내시는 기쁨이 충만하여 고국으로 돌아갑니다.

분명히 아무것도 달라진 것은 없는 세상이지만, 세례를 받고 새사람이 된 그가 보는 세상은 지금과의 세상이 아니라 새 하늘과 새 땅이 이루어진 세상이었습니다.

이방인에게 복음을 전하였고, 복음을 받아들인 사람은 기쁨이 충만해졌으며, 빌립 또한 지중해 연안을 따라 북쪽 지방을 지나며 복음을 전하며 가이사랴까지 이르게 됩니다.

발걸음이 멈추는 곳마다, 손길이 닿는 곳마다 복음을 전하는 이의 발걸음이 얼마나 아름다운지요? 요한복음의 부록에 가서 보면 (요 21장), 예수께서는 베드로에게 "네가 나를 사랑하느냐?" 거듭 물으시던 모습을 볼 수가 있습니다.

주님을 사랑하는 마음에 충만한 기쁨으로 생명력 있는 말씀을 전하고 듣는 삶이 되었으면 합니다.

영적 존재

요한1서 1 John 4:1-6
사랑하는 자들아 영을 다 믿지 말고오직 영들이 하나님께 속하였나 분별하라 많은 거짓 선지자가 세상에 나왔음이라(1).
Dear friends, do not believe every spirit, but test the spirits to see whether they are from God, because many false prophets have gone out into the world.

....

"영을 다 믿지 말라" 그리고 "영들이 하나님께 속하였나를 분별하라" 합니다. 그런데 문제는 인간이 아무리 영적 존재라 해도 우리의 눈에는 영이 보이지도 감각적으로 만져지지도 않습니다.

영적 존재인 인간이 하나님께 속한 영인지 아니면 거짓 영에 속한 것인지는 말씀이 육신이 되셔서 이 세상에 오신 나사렛 예수를 그리스도로 고백하는지 아닌지에 따라 판가름 납니다.

주의 말씀을 따르는 자는 주의 영에 속한 자이고, 그렇지 않으면 거짓 영에 속한 자들입니다. 예수처럼 생명을 살리는 영은 하나님께 속한 영이고, 생명을 짓밟고 죽이는 일을 하는 자는 거짓 영에 속한 자입니다.

믿는 사람들이여, 예수에게 속한 사람이 되십시오. 우리의 신앙 공동체에 예수가 보이지 않는다면 진정한 신앙인이나 진정한 교회가 될 수 없습니다. 하나님과 사람들 앞에서 거리낌 없는 양심을 가지려면, 그 기초가 나사렛 예수 그리스도가 되어야 합니다(고전 3:11). 우리는 예수를 믿는 믿음 안에서 사는 사람들입니다(갈 2:20).

Shalom!

성경말씀은 영적인 가르침과 그러한 가르침을 제시하는 사람들에 대해 분별력을 발휘하라고 조언합니다. 모든 가르침을 맹목적으로 받아들이는 것을 경계하고 대신 하나님의 진리와 일치하는지 확인하기 위해 시험해 볼 것을 권장합니다. 이 메시지는 하나님의 진리와 일치하지 않는 거짓 가르침을 전파할 수 있는 거짓 선지자들이 많다는 것을 암시합니다. 영을 시험하고 제시된 가르침이 하나님의 뜻에 부합하는지 판단하기 위해 평가하는 것이 중요하다는 점을 강조합니다. 영적인 가르침을 평가할 때 분별력과 비판적 사고를 발휘하고 신자들을 오도할 수 있는 거짓 선지자를 경계하라는 메시지를 담고 있습니다.

예수 안에 거하십시오

요한복음 John 15:1-8

나는 포도나무요 너희는 가지라 그가 내 안에, 내가 그 안에 거하면 사람
이 열매를 많이 맺나니 나를 떠나서는 너희가 아무것도 할 수 없음이라
I am the vine; you are the branches. If a man remains in me
and I in him, he will bear much fruit; apart from me you can do
nothing.

....

   들꽃 피는 마을의 봄은 온갖 과일나무의 가지치기에서부터 시
작되는데 가지가 웃자라면 열매가 제대로 열리지 못하기 때문입
니다.

   오렌지, 레몬, 자몽, 자두, 살구, 석류, 뽕나무, 대추나무 심지어
오디가 열리는 뽕나무까지 가지치기를 해야 합니다. 과일나무를
가꾸는 농부의 손길은 바쁘기만 합니다. 그러나 이런 일이 고된
것은 맞으나 하나님의 섭리를 깨닫는 큰 기쁨이 되곤 합니다.

   예수께서 포도나무 비유를 통해 말씀하시려는 것은 '열매'입니
다. 가지치기를 하는 것도 좋은 열매를 얻기 위함입니다. 아무리
충실한 가지라도 나무에 붙어 있지 못하면 열매를 맺을 수 없듯이
예수를 떠나서는 하나님나라의 일이 불가능합니다.

   포도나무에 가지가 붙어 있어야 열매를 맺듯이 예수가 내 안에,

내가 예수 안에 있어야 비로소 열매를 맺을 수 있게 됩니다. 그러므로 우리가 예수에게 붙어 있는 것은 열매 맺는 첫째 전제 조건이 되는 것입니다(요 14:12).

그리고 예수 안에 있을 때 기도 응답의 조건이 됩니다(7, 14:13-14). 하나님께 영광을 돌리는 일은 우리가 열매를 맺을 때 임을 잊지 말아야 합니다(8).

사랑하는 이들이여, 삶의 좋은 열매를 맺기 원하거든 예수 안에 거하십시오.

나의 것이 아니라 아버지의 것

요한복음 John 17:6-10

내가 그들을 위하여 비옵나니 내가 비옵는 것은 세상을 위함이 아니요 내게 주신 자들을 위함이니이다. 그들은 아버지의 것이로소이다(9).

I pray for them. I am not praying for the world, but for those you have given me, for they are yours.

....

요한복음 17장은 예수님의 기도입니다.

하나님께서 예수님을 세상에 보내신 것은 다른 것이 아니라 당신의 일을 하시기 위함이었습니다. 하나님의 일은 당신의 백성들을 사랑하는 일입니다. 예수께서 이 세상에서 하신 일은 하나님의 뜻을 이루는 일이었으며 그는 철저하게 나의 일이 아니라 하나님의 일, 나의 사람들이 아니라 하나님의 사람들, 하나님께서 맡기신 일이었고 하나님이 맡기신 사람들이었기에 철저하게 섬김을 감당하셨습니다.

사회, 정치, 종교, 모든 분야의 지도자들이 그 위치에서 사람을 먼저 생각하고 섬김의 자리에 있어야 되는 것은 그 모든 것이 하나님께로부터 왔기 때문입니다.

예수의 기도는 오로지 자기에게 맡기신 양떼들을 위한 것이었습니다. 우리 자신의 생명뿐만이 아니라 자녀들이나 재물도 역시 하나님께서 맡기셨습니다. 열심으로 맡겨진 모든 것들을 통하여 멋지게 쓰임을 받아야 할 것입니다.

누가 우리를 그분의 사랑에서 끊을 수 있겠습니까? 고난, 외로움, 핍박, 굶주림, 헐벗음, 위험 아니면 칼입니까?(롬 8:35)

우리를 사랑하시되 끝까지 사랑하시는(요 13:1) 그분의 사랑에 감격해하는 아침입니다.

다시 만들어지는 삶

요한복음 John 17:11-16
내가 비옵는 것은 그들을 세상에서 데려가시기를 위함이 아니요 다만 악에 빠지지 않게 보전하시기를 위함이니이다(11).
My prayer is not that you take them out of the world but that you protect them from the evil one.

....

1988년 번갯불에 의해 옐로우스톤 국립공원에 대화재가 발생한 적이 있습니다. 전문가들이 모여 불을 꺼야 하느냐 아니면 자연적으로 꺼지기를 기다려야 하느냐 난상토론을 벌이다가 자연적으로 화재가 진압되도록 결정을 했고, 눈이 많이 내린 덕분에 불이 꺼졌습니다.

그 후 깜짝 놀랄 일이 벌어졌는데, 다 타버린 산야에서 새싹이 돋아나 숲이 다시 만들어지며 산야가 회복되게 됩니다. 그 광경이 얼마나 큰 감동을 주었는지 모릅니다.

예수께서 제자들을 위하여 기도하시면서 인위적인 것이 아니라 자연적으로 사람들에게 일어날 변화를 말씀하신 것 같습니다. 저들이 박해나 어렵고 힘든 일이 있을 때 그 상황에서 벗어나 평안한 곳으로 옮겨지길 바라신 것이 아니라 삶의 그 자리에서 악에 빠지지 않고 견디어 내며 살아가길 위해 기도하십니다.

어떤 상황, 어떤 처지에서도 예수를 따르고 예수의 복음을 전하는 믿음의 사람들로 살아가길 위하여 기도하신 것입니다. 우리가 마땅히 기도할 바를 알지 못할 때도 오직 성령이 말할 수 없는 탄식으로 우리를 위하여 친히 간구하십니다(롬 8:26). 우리를 다시 살아가게 하기 위함입니다.

Shalom!

예수님의 기도는 제자들을 세상에서 데려가 달라는 것이 아니라, 악한 자로부터 보호해 달라는 것입니다. 이 기도에서 예수님은 하나님께 제자들을 세상에서 없애 달라고 기도하는 것이 아니라, 악한 자로부터 제자들을 보호해 달라고 기도하고 있습니다. 이 기도는 예수님이 제자들과 더 이상 물리적으로 함께 있지 않으신 후에도 제자들의 안전과 안녕을 염려하시는 모습을 보여 준다는 점에서 의미가 있습니다.

예수님은 제자들이 세상에서 도전과 어려움에 직면할 것을 이해하시며, 그들을 하나님의 보호하심을 구하는 기도를 하십니다. 또한 이 기도는 오늘날의 신자들에게 세상에 살고 있지만 악에 맞서 하나님의 보호를 의지할 수 있음을 상기시키는 역할을 할 수 있습니다. 이 기도는 우리를 안전하게 지켜주시는 하나님의 능력을 신뢰하고 일상생활에서 직면할 수 있는 어려움에도 불구하고 계속해서 그분을 따르도록 상기시켜 줍니다.

믿음으로 오는 감사와 기쁨

사도행전 Acts 16:23-34

그들을 데리고 자기 집에 올라가서 음식을 차려 주고 그와 온 집안이 하나님을 믿으므로 크게 기뻐하니라

The jailer brought them into his house and set a meal before them; he was filled with joy because he had come to believe in God--he and his whole family.

....

점치는 귀신 들린 여인을 고쳐 주었다가 빌립보 감옥에 갇히게 된 바울과 실라(행 16:23). 생명을 일으켜 세워 사람답게 살게 하는 일을 했으나 예수께서 하나님의 일을 하시다 십자가에 못 박히신 것처럼, 예수의 일을 하던 사도들도 역시 핍박과 고난을 받았습니다.

중요한 것은 그런 고난 가운데서도 주께 대한 감사와 기쁨을 잃지 않고 기도와 찬송을 부르며 주를 의지했다는 점입니다.

큰 지진이 일어나고 옥문이 열렸으나 사도들은 도망하지 않았고, 그런 당당한 모습을 보며 간수는 예수를 믿고 가족들과 함께 세례를 받게 됩니다. 그리고 자기 집에 사도들을 초청하여 음식을 대접하고 하나님을 믿으며 기뻐합니다.

사역자들의 기쁨은 마치 누룩과 같이 간수 가정에 전파되었습

니다. 선한 믿음의 삶은 좋은 세균처럼 전파력이 강합니다. 간수가 바울과 실라를 자신의 집으로 초대하여 음식을 대접한 것은 감사의 표현입니다. 그리고 그들이 함께 누리는 것은 기쁨입니다.

믿음으로 오는 감사와 기쁨이 여러분 모두에게 충만하기를 기원합니다.

깨어 기도하라

에베소서 Ephesians 6:18-20

모든 기도와 간구를 하되 항상 성령 안에서 기도하고 이를 위하여 깨어 구하기를 항상 힘쓰며 여러 성도를 위하여 구하라(18).

And pray in the Spirit on all occasions with all kinds of prayers and requests. With this in mind, be alert and always keep on praying for all the saints.

....

영적인 깨어있음이 있으려 하면 기도와 간구함이 있어야 합니다. 기도는 하나님의 하나님 되심을 깊이 인정하며 예배하는 마음으로 드리는 것이라면, 간구는 하나님께 자기가 필요한 것을 얻기 위하여 간청하는 것이라 할 수 있습니다.

그런데 기도와 간구는 '성령 안에서' 기도하기를 깨어 항상 힘쓰며 기도하라 바울은 권면을 합니다. 성령의 도우심이 없이는 기도하는 것이 힘이 들 수밖에 없습니다. 자신과 성도들을 위하여 기도할 뿐만 아니라 목회자를 위하여 기도하라 합니다(19).

성도들은 목회자가 기도하는 일과 말씀을 전하는 일에 전념하도록 하기 위해서 도와야 합니다(행 6:4). 그것은 목회자를 위함만이 아니라 성도들이 자신을 위하는 일이 되기도 합니다.

학자처럼 말씀을 잘 배우고 전할 수 있도록 해야 말씀으로 위로도 받고 능력을 힘입어 늘 생명의 말씀으로 영적 굶주림이 생기지 않게 됩니다(사 50:4).

매 순간 깨어 기도하십시오. 우리는 말씀을 선포하기 위해 부르심을 받고 말씀을 실천하며 살려고 보내심을 받은 사람들입니다.

Shalom!

기록되었으되 주께서 그 약속에 대하여 게으르지 아니하시니. 그러므로 내 안에 있는 모든 죄가 내 삶에서 느슨해지도록 하나님의 약속을 하는 것입니다.

나는 어린 양의 피로 너희를 이겼으니 내 삶에서 하나님의 약속의 발현을 방해하는 모든 힘은 예수의 이름으로 넘어지고 죽고 멸망합니다. 그러므로 쉬지 말고 기도하십시오. 믿음으로, 나는 예수의 이름으로 널리 퍼진 기도의 힘을 받습니다.

-들꽃 피는 마을에서 생명살림공동체를 이루며

피닉스감리교회는 창립 38주년이 된 교회이다. 2014년 11월 첫 주에 교회에 부임했을 때, 교회 출석 인원이 모두 6명뿐이었다. 물론 교회 재정 상태도 제로 상태였다. 그 당시 지방 감리사로 시무하며, 담임 목회자가 부재중인 피닉스감리교회를 돌보기 위하여 3개월여 동안 덴버 콜로라도에서 격주로 예배 인도를 하러 피닉스에 왔다.

교회가 너무 어려워 파송할 목회자를 찾지 못하다가 나의 마음 속에 "네가 이곳에 와서 교회공동체를 다시 일으켜 세워보라!"는 내면의 소리가 들려왔다. 기도하던 중에 아내와 의논을 했고, 우리는 그 부르심을 받아들였다.

교회 재정이 없어, 부임을 했지만 거처할 곳이 없었다. 사택 비용을 절약하기 위해, 예배당 한구석에 방을 만들어 부부가 거처하기로 작정했다. 1,500여 평의 뒤뜰에 과일나무를 심고 채소밭을 만들어 '들꽃 피는 마을'을 만들어가기로 했다. 사막 지역에 들꽃이 피어서 들꽃 피는 마을이 아니라, 메마른 땅에 농수로를 통하여 물이 들어오게 했더니 들꽃이 자라나기 시작하여 붙여진 이름이다.

부임하던 첫 주부터 삽과 곡괭이 하나로 텃밭을 만들기 시작했다. 10월부터 피닉스 지역은 농사철이었고, 채소를 심어 먹는 것만큼은 자급자족하려고 애썼다.

한편으로는 교회를 떠난 이들을 만나기 시작했다. 그들의 마음을 쉽게 되돌릴 수가 없었다. 목회자에 대한 신뢰를 잃었기 때문에 그분들이 되돌아오기까지는 시간이 걸릴 거라는 판단이 들었다.

부임 3개월 전부터 이곳을 방문하면서 예배를 인도했을 때, 교회를 방문했던 이들이 부임 다음 주일부터 두 가정이 등록을 했다. 부임 이듬해에 20여 명의 사람들이 예배를 드리게 되었다.

짐 정리를 마친 후부터 두 가지 일에 온몸으로 부딪쳤다.

첫째는 오랜 세월 동안 꿈꿔왔던 '쉼터' 같은 교회를 만드는 일이었다. "수고하고 무거운 짐 진 자들아 다 내게로 오라 내가 너희를 쉬게 하리라"(마 11:28)는 말씀이 현대인들에게 너무나도 절실했다고 보았다.

하지만 사막 지역에 나무숲을 이룬다는 것이 쉽지 않았다. 과일 나무를 심고 텃밭을 일구어 채소를 가꾸기 시작했다. 다행인 것은 이 지역은 한 달에 두 번씩 농수로를 통하여 물을 공급받을 수 있었다. 이미 오렌지, 자몽, 레몬, 석류, 무화과나무가 한두 그루씩 있었다. 대추나무 10여 그루를 조지아주에서 공수해서 심었다. 감나무도 몇 그루 심었다.

그러나 120°F(49°C)를 오르내리는 여름철 날씨 덕분에 나무도 말라 죽을 수밖에 없었다. 하지만 굴복하지 않았다. 한 해가 지나고 두 해가 지날수록 광야 같은 땅이 푸른 초원으로 변해가기 시작했다.

둘째는 매일 아침 교회력을 따라 말씀묵상을 하고 묵상글을 써서 교인들과 국내외에 있는 믿음의 형제자매들에게 전하기 시작했다. 누구든지 주께로 와서 쉬기를 원하지만, 사람들은 어떻게 쉼을 얻을 수 있는지에 대해서는 별 관심이 없는 듯 보였다.

예수께서는 부르신 후에 "나는 마음이 온유하고 겸손하니 나의 멍에를 메고 내게 배우라. 그리하면 너희 마음이 쉼을 얻으리니 이는 내 멍에는 쉽고 내 짐은 가벼움이라 하셨다"(마 11:29-30). 말씀묵상을 통하여 예수께서 전하신 하나님나라와 그의 삶을 배워야 했다.

광야에서 살아가며 쓰는 묵상글이 많은 사람들에게 조금씩 가까이 다가가게 되었다. 신문이나 방송, 그리고 묵상글을 대하는 많은 분들이 과일나무와 채소를 가꾸라고 선교헌금을 보내 주셨다.

지역사회에 좋은 소문이 나기 시작한 것은 2015년 1월 1일 LA에서 목회하시는 강성도, 정래신, 정병준, 송기수 목사 등 감리교 동역자들이 3박 4일로 스프링 쿨러를 설치하러 오셔서 낮에는 일하고 저녁과 새벽에는 돌아가면서 집회를 인도하게 되었다. 이런 감리교 동역자들의 섬김이 지역사회에 알려지면서, 조금씩 조금씩 교회의 문을 두드리는 사람들이 늘어나기 시작했다. 감리교의 전통적인 연대 의식을 온몸으로 체험할 수 있는 좋은 기회였다.

뒤돌아보면 그동안 많은 변화가 일어났다. 팬데믹 전의 일이다.

등록 교인이 특별한 일이 없는 한, 매 주일 출석한다. 40여 명의 교우들이 예배에 출석하고 있었고, 조금씩 자립 교회로 자리 잡아가고 있었다. 친교실이 부족하여 기도실을 친교실로 개조하였고, 평일에는 우리문화배우기 교실로 개방하여, 우리문화배우기 교실(붓글씨 쓰기, 국선도, 사물놀이, 난타 교실)을 열었다.

옛 주인이 목수실과 마구간으로 사용하던 건물을 예배당으로 리모델링해서 60석 작은 예배 처소로 사용했다. 예수님께서 마구간에서 태어나셨고, 목수 일을 하셨다는 의미를 되새길 수 있는 곳이다. 비록 작은 공간이지만, 참 기쁨으로 예배를 드리고 있다가 COVID-19 펜데믹 사태를 맞이하면서 심한 타격을 받게 되었다. 이제 조금씩 회복이 되고 있는 중이다.

피닉스감리교회의 특징을 한마디로 말하면 시니어 목회(Senior Ministry)라고 정의할 수 있다. 애리조나주 피닉스는 향후 30여 년간 미국에서 가장 크게 성장할 도시로 꼽혔다.

피닉스는 앞으로 67.8%의 폭발적인 인구 증가율을 보이게 될 것으로 예견한다. 피닉스는 은퇴자들이 가장 선호하는 도시 중 하나이다. 인구가 증가하면 일자리가 늘어나고 경제도 성장할 것으로 기대된다. 뿐만 아니라 피닉스 지역에는 시니어들만을 위한 위성도시들이 마련되어 있다.(Sun City, Surprise, Peoria 지역 등이다). 이 위성도시들에는 시니어들이 생활하기에 아주 편리한 시설과 요양 시설이 다 갖추어져 있다.

피닉스감리교회는 바로 이런 지역의 중심축에 있다. 현재 다른 주에서 이주해 오는 한인 시니어 인구도 점점 늘어나고 있다. 이런 지역사회 특성을 감안하여, 시니어들에게 초점을 맞춘 시니어 목회를 해 왔다. 20여 년 전부터 고령화되고 있는 한인 이민 사회를 염두에 두고 시니어 목회를 준비해 왔기에 어려움은 없었다.

피닉스감리교회의 중점 사역과 목회 철학을 정리하면 다음과 같다.

첫째, 섬김과 돌봄의 목회이다. 불과 몇 년 전만 해도 담임목사가 회중 가운데 제일 젊은 그룹에 속했다. 나의 노인(시니어) 목회는 한마디로 '섬김과 돌봄'이다. '하나님나라의 소망을 간직하며 어떻게 이 땅 위에서 하나님나라를 이루며 살 수 있을까?'를 말씀으로 이끌어 주어야 했다. 목회자 자신이 먼저 스승 예수처럼 자기를 낮추고 교인들을 주님 섬기듯 섬겨야 했다.

나이가 많아질수록 여러 가지의 질병에 노출되고 육신적, 정신적 돌봄이 더욱 필요하다. 그러기에 섬김과 돌봄은 시니어 목회에 있어 제일 우선해야 할 일이다.

둘째, 새로운 삶으로 이끄는 목회이다. 현재 감리교 장정에 의하여 70세에 목사와 장로는 모두 은퇴해야 한다. 모든 현직과 교회 일에서 손 놓아야 한다. 하지만 70대에도 육신적으로 정신적으로 아주 정정하다. 많은 이들이 오히려 은퇴 전보다 더 폭넓은 삶을 영위하기도 한다.

신앙생활에도 많은 변화가 있다. 하나님과 교회공동체를 사랑하고 이해하는 깊이가 깊어지고, 그 폭이 더 넓어질 수도 있다. 이와는 대조적으로 지금까지 더 잘할 수 있었는데 그렇지 못했던 아쉬움을 토로하는 분들도 있다. 노인 목회의 또 다른 강조점은 은퇴 이전에 하고 싶어 했던 일, 이제 새롭게 해보려 하는 일을 할 수 있도록 기회를 만들어 드리는 일이다.

소중한 삶의 경험과 시간적 여유가 많은 노인들로 하여금 새로운 헌신과 섬김을 통해 교회공동체를 건강하게 세우는 데 기여하도록 도와주어야 한다.

셋째, 은퇴자의 은사를 최대한 발휘하도록 돕는 목회이다. 팬데믹 전까지만 해도 세 분의 은퇴 목회자와 네 분의 은퇴 장로님이 계셨다. 물론 감리교단에서 은퇴하신 분도 계시지만, 타 교단 출신의 목회자와 장로님도 계신다.

많은 부분에서 다른 모습들이 있다. 2천 명이 넘는 대형 이민교회에서 은퇴하신 분이 계시는가 하면, 미국 교회에서 목회하시거나 한국에서 은퇴 후에 오신 분도 계신다. 감리교, 장로교, 침례교 등 타 교단 출신도 계신다.

장로님들 중에는 은퇴 전 직업도 다양하다. 살아온 삶과 신앙적인 배경이 모두 다르다. 이 다름이 새로운 삶의 원동력이 될 수 있다. 피닉스감리교회가 꿈꾸는 '생명살림공동체'는 보다 더 큰 틀에서 각자의 다양한 삶과 신앙 경험과 은사를 나누어 공동체를 유익하게 세워 나가는 일이다.

파이프 오르간 전공자인 은퇴 목사님은 성가대를 이끌고, 대형

교회를 목회하신 목사님은 목회 전반에 대한 조언을 해 주신다. 운동을 좋아하시는 은퇴 장로님은 교인들과 골프를 즐기신다. (참고로 미국에서는 서민들도 마음껏 골프를 즐길 수 있다.) 한의사이신 은퇴 장로님은 매 주일 침구사역을 감당하신다.

어떤 분은 예배 후에 교회당 청소를 담당하시고, 어떤 분은 교회 뜰(들꽃 피는 마을)을 가꾸신다. 그들의 경험과 은사를 이제는 교회공동체를 위하여 사용하고 계신 것이다. 마음껏 자신의 은사와 역량을 발휘하도록 문을 열어드리고, 멍석을 깔아드리는 목회를 하고 있다.

넷째, 말씀묵상으로 예수 따르기 목회이다. 한인 이민 교회의 공통된 아픔은 교회 내의 갈등과 빈번한 교회 이동이다. 교회를 이리저리 옮겨 다니는 사람들이 너무 많다. 예를 들어 교역자와의 관계, 혹은 교인들끼리의 관계에 어려움을 느끼면 신앙 문제와는 아무 상관 없이 한순간에 교회를 떠난다.

자기가 남에게 준 상처는 생각지 않고 남에게 받은 상처만 강조한다. 이러한 갈등과 인간관계를 제대로 풀지 못하는 자기중심적 태도를 지켜보면서, 어떻게 하면 온몸으로 예수 그리스도의 지체로 교회공동체를 섬길 수 있는가를 오랫동안 고심하였다. 그 대답은 "말씀묵상을 통해 예수를 바로 알고 예수의 가르침과 삶을 배워야 한다"는 것이다.

피닉스교회는 목회자와 교인들이 함께 매일 말씀묵상에 치중하고, 자신의 내면을 살펴서 말씀대로 살아가는 길을 함께 나누고

있다. 고백컨대, 예수처럼 산다는 것보다는 예수와 함께 살아가야
한다.

마무리 하는 말 / 생명살림공동체로 삶을 일으켜 세우기를 하다

살림이란 우리말은 '사람을 살린다!'는 뜻에서 온 말이다. 살림
을 잘한다는 말은 여인들이 집안일을 잘 보살핀다는 말로 쓰고 있
지만, 사실은 사람을 잘 살리고 있다는 의미이다.

전 교인이 하나님나라에 소망을 두고, 이 땅에서 생명살림꾼으
로 살아가도록 돕는 일이다. 이 일은 어제도 오늘도 해온 일이고
내일도 해 나가야 하는 일이다.

살림은 영어로 'SALIM'으로 표기하는데 S = Serve 섬김, A =
Answer 응답, L = Life 생명, I = Identity 정체성, M = Mission
선교를 뜻한다. 한국계 미국인(Korean American) 그리스도인으로
서의 정체성을 지니고, 말씀에 응답하고 섬김과 돌봄을 통하여 생
명을 일으켜 세우는 생명살림꾼으로 살아가도록 하는 것이 믿는
자의 자기 정체성이라고 믿는다.

피닉스감리교회의 또 다른 이름은 '피닉스 들꽃 피는 마을'이
다. 매일 내면을 향한 여정이라는 주제 아래 말씀을 묵상하고 '들
꽃 피는 마을' 소식을 전 세계로 내보내고 있다. 이 일은 후임자를
통하여 계속되고 있는 중이다.

아래는 강성도 박사(하나교회 시무)가 소개한 글이다.

정봉수 목사의 목회는 시니어 목회였다.

1) 차별화를 통해 자신이 제일 잘할 수 있는 것에 집중하여 행복한 목회를 하고 있다. 박봉을 털어 홀로 지내시는 분들을 찾아 식사를 대접하고 그들의 고충을 귀담아 오랜 시간 경청해준다.

2) 듣는 목회를 진 빠지지 않고 감당한다. 말하고 가르치기보다는 '노련한 경험과 아픈 상처'를 담고 있는 노인들의 이야기를 빠짐없이, 서둘러 재촉하지 않고 오래 들어준다. 들어줌을 통해 존경을 자연스럽게 이끌어낸다. 그 존경은 단순한 마음 씀씀이나 대접에 국한된 것이 아니다.

3) 그의 목회의 또 다른 일면은 온몸으로 감당하는 실천 목회이다. 섭씨 45도가 넘는 무더위 속에서 밭을 일구고 채소와 과일을 키워 교우들을 대접한다. 사막을 젖과 꿀이 흐르는 땅으로 직접 변화시켰다. 성경의 이야기가 사실이라는 것을 눈으로 직접 보게 만들어주었다.

4) 그의 목회는 관계의 목회이다. 일 년에 2/3 이상이 전국과 한국에서 찾아오는 목회자들과 은퇴 교우들의 방문이 끊이지 않는다. 인근의 그랜드 캐니언이나 국립공원 안내에서부터 잠자리와 식사 마련을 정 목사 부부가 직접 한다. 누구나 편안하게 느끼며 부담 없이 머무르다 떠난다. 사람을 좋아하고 사람을 진정으로 챙기는 품성이 그의 목회의 뿌리이다.

5) 그는 퍼주는 목회를 한다. 사택 보조비와 사례비를 줄이는 대신, 적은 교회답지 않게 많은 선교비와 구제비를 각지로 보낸다. 나눔과 베풂은 말뿐만 아니라 몸으로 실천하는 목회이다.

부임 초기만 해도 재정을 염려하는 재정부장이나 교우들이 과다 지출이 아닌가 하여 많은 염려를 하였다. 하지만 이제는 묻지 않는다. 정 목사께서 많은 기도 후에 도와야 할 곳을 알려준다고 믿기 때문이다. 신뢰는 말씀을 화육하는 그의 삶으로 증명되었기에 주어진 선물이다. 작지만 강한 교회! 드러내놓고 자랑하지 않지만, 서서히 그 향기가 사막을 넘어 퍼져나가는 들꽃 피는 마을 목회가 바로 피닉스감리교회의 모습이다.

Chapter 6
성령강림절 묵상

▲성령강림절에 성령의 열매를 묵상하며 백년초 열매 @ 들꽃 피는 마을

성령강림절(Day of Pentecost & Season after Pentecost)은 성령을 보내 주시겠다는 약속의 성취 사건입니다. 기독교 역사에서 교회의 출발이라는 새로운 장이 펼쳐진 것이 성령강림 사건입니다. 인간의 힘이나 지혜에 의해서가 아니라 하나님의 영에 의하여 교회가 시작된 것입니다.

성령강림 후 대강절 전까지 6개월여 교회는 창조, 생명, 인권, 환경, 종교개혁, 감사 등의 주제를 다루며 말씀을 전하게 됩니다. 이 기간 동안 그리스도인들은 주님의 가르침을 실천하는 삶을 살도록 노력해야 할 것입니다.

성령임재는 복음 전파함에

사도행전 Acts 2:1-4

그들이 다 성령의 충만함을 받고 성령이 말하게 하심을 따라 다른 언어들로 말하기를 시작하니라(4).

All of them were filled with the Holy Spirit and began to speak in other tongues as the Spirit enabled them.

....

5월 23일 주일은 성령강림주일입니다. 오늘부터 한 주간 동안 사도행전 2장을 묵상하면서 제자들이 성령임재의 체험을 통해 어떻게 예수께서 주신 사명을 감당하게 되는지 살펴보도록 하겠습니다.

예수께서 승천 후 120명의 성도들이 예수님의 약속을 기다리며 오순절에 성령을 받기 위하여 다 같이 한 곳에 모인 것은 매우 중요한 사건입니다.

집 안에 바람 같은 소리가 가득했고 불의 혀처럼 갈라지는 것들이 보였고, 각 사람에게 하나씩 임하여 성령의 충만함을 받았다고 하는 것은 상징적인 의미일 수 있습니다. 그런데 이런 상징적인 일보다 더 깊게 살펴보아야 할 것은 성령께서 저들에게 말하게 하셨고 저들이 다른 언어로 말하기 시작했다는 점입니다.

저들에게 주신 방언의 은사는 오늘 우리가 보고 듣는 것과 같은 방언이 아니라 복음을 전하기 위하여 각기 다른 언어로 말하게 하신 것입니다. 예수님의 제자들의 대부분은 갈릴리 출신들로 배움이 그리 많지 않았던 이들입니다. 그런 사람들을 사용하셔서 복음을 전하게 하신 것은 성령의 역사인 것입니다.

성령임재 사건의 가장 큰 목적은 복음 전파에 있었음을 꼭 기억해야 합니다.

Shalom!

주님의 말씀이 자유롭게 흘러
내 안에서 예수의 이름으로 영광을 받게 하십시오.
평화의 주님께서 예수의 이름으로
삶의 모든 영역에서 평화를 주시도록 합시다.
복음의 신비를 알리기 위해 예수의 이름으로 나에게 말씀을 전합시다.
오 주님, 제 믿음에 부족한 것을 온전케 하소서.
오 주님, 제 안에서 당신의 선한 일을 온전케 하소서.
오 주님, 당신의 선한 일을 위해 나를 온전케 하소서.
오 주님, 모든 말과 지식으로 저를 부끄럽게 하십시오.
그리스도의 은혜가 예수의 이름으로 나와 함께 있기를 바랍니다.

생기있게 살아야

사도행전 Acts 2:5-13

다 놀라 신기하게 여겨 이르되 보라 이 말하는 사람들이 다 갈릴리 사람
이 아니냐?(7).

Utterly amazed, they asked: Are not all these men who are
speaking Galileans?

....

어제는 교회를 태동시킨 성령 강림에 대하여(행 2:1-4), 오늘은
성령강림의 결과로 제자들의 활동과 유대인들의 반응을 살펴보려
고 합니다.

고국을 떠나 이민자(디아스포라)로 살아가는 사람들은 어쩌면 꿈
에도 그리운 고국으로 돌아가 마지막 여생을 보냈으면 하는 바람
이 있는지도 모릅니다. 경건하게 살고자 했던 유대인들이 예루살
렘을 방문하고 머무르고 있었던 것은 단순한 방문객이 아니었습
니다. 그러나 오랜 외국 생활에 문화와 언어의 문제는 소통의 문
제로 머무름을 힘들게 할 수도 있었습니다.

예루살렘에 돌아왔던 사람들이 각자 자기가 살아가는 곳의 언
어로 제자들이 전하는 복음을 듣게 되었다는 것은 디아스포라들
에게 커다란 은총인 것입니다. 갈릴리 사람들이라 업신여김을 받
아왔던 예수의 제자들이 성령의 인도하심을 통해 각 나라말로 복

음을 전파하고 사람들이 받아들임으로써 그들은 소통의 중심에 서게 되었습니다.

성령은 '생기'입니다(창 2:7). 마른 뼈 같은 인생이라 할지라도 성령의 인도하심을 받게 되면 생기있는 삶을 살아가게 됩니다. 자기 자신뿐만 아니라 사람들의 인생을 생기있게 바꾸어 놓는 영향력을 끼치게 됩니다.

새 술에 취했다 조롱하고 비난하지 말고(13), 성령의 도우심으로 생기있는 삶을 살아가야 합니다.

주께로 돌아서라

사도행전 Acts 2:14-23
누구든지 주의 이름을 부르는 자는 구원을 받으리라 하였느니라(21).
And everyone who calls on the name of the Lord will be saved.

....

성령의 임재를 새 술에 취했다 하는 이들에게 아침 9시(제 삼시)부터 술 취할 사람이 어디 있겠는가? 반론을 펴며 선지자 요엘의 예언이 이루어졌다고 선포하는 베드로를 만나게 됩니다.

아마도 베드로는 성령이 임하시면 자녀들은 장래 일을 말할 것이며, 늙은이는 꿈을 꾸며 젊은이는 이상을 볼 것이라 말하며(요엘 2:28), 성령임재와 더불어 말세가 다가왔으니 옷을 찢지 말고 마음을 찢고 하나님께로 돌아오라고 외치고 있는지도 모릅니다(요엘 2:13-14).

그래서 심판의 때에 천재지변으로 아수라장이 되기 전에 "주 예수의 이름을 부르는 자는 구원을 얻을 것이다"라고 큰 소리로 외쳐 전했습니다. 베드로는 나사렛 예수의 죽음과 부활이란 복음의 핵심을 선포하면서, 3년 반이나 온 이스라엘에 권능과 기사와 표적을 베푸셨는데 너희가 십자가에 못 박아 죽인 분이 그리스도 예수였음을 말하며 회개를 촉구했습니다.

오순절 성령강림을 통하여 두려움이 변하여 담대함으로 완전히 삶이 바뀌어지는 은총을 체험하면서 복음을 전하는 제자들의 생기있는 삶을 보면서 오늘 우리의 삶이 생기있게 변하기를 간절히 기도해 봅니다.

Shalom!

오순절은 성경 신약에 묘사된 대로 예수 그리스도의 제자들에게 성령이 강림한 것을 기념하는 기독교 명절입니다. 성령은 제자들에게 다양한 언어로 말하고 담대함과 용기를 가지고 복음을 전할 수 있는 능력을 부여했다고 믿어집니다.

많은 기독교인에게 오순절은 삶에서 성령의 변화시키는 능력을 상기시키는 역할을 합니다. 영적 여정을 되돌아보고 성령의 인도를 받는 삶을 살겠다는 결심을 새롭게 하는 시간입니다. 그리스도인들은 기도와 묵상을 통해 성령의 임재에 마음을 열고 일상에서 성령의 인도를 받으려고 노력합니다. 성령께서 우리가 하나님을 기쁘시게 하는 삶을 살 수 있도록 인도하시고 힘을 주시기를 기원합니다.

생명의 길을 보이시다

사도행전 Acts 2:24-26
주께서 생명의 길을 내게 보이셨으니 주 앞에서 내게 기쁨이 충만하게
하시리로다(28).
You have made known to me the paths of life; you will fill me
with joy in your presence.

....

성령강림 후, 베드로 사도의 설교가 대단했던 것은 유대인들이
이미 잘 알고 있는 구약성경의(요엘 2:28, 시편 16:8) 요엘 선지자와
다윗을 인용하여 그리스도와 성육신을 연결시키고 있습니다.

이것은 예수의 죽음과 부활은 우연이 아니라 이미 천여 년 전
다윗에 의하여 예언된 것이고, 요엘이 선포한 성령이 이제 강림하
셔서 각 사람에게 능력을 주셨습니다.

우리가 성령강림절을 맞이하며 다윗의 고백처럼, 삶의 기쁨과
감사가 예수 안에서 충만해야 합니다. 그러기 위해서 무엇보다 중
요한 것은 하나님의 말씀을 읽고 묵상하는 일을 게을리해서는 안
됩니다. 그리고 담대히 말씀을 선포합니다. "너희가 십자가에 못
박은 이 예수를 하나님께서 주와 그리스도가 되게 하셨다."

결국은 회개를 촉구한 것입니다. 주여, 우리로 깨닫게 하소서, 생명의 길로 인도하셨사오니 당신 안에서 삶의 기쁨이 충만케 하소서. 건강한 육체를 위하여 음식을 먹듯이 영적인 능력을 위하여 말씀을 읽고 묵상하는 일을 밥 먹듯 하게 하소서.

이것이 교회의 모습이다

사도행전 Acts 2:37-47

그들이 사도의 가르침을 받아 서로 교제하고 떡을 떼며 오로지 기도하기를 힘쓰니라(42).

They devoted themselves to the apostles' teaching and to the fellowship, to the breaking of bread and to prayer.

....

지구상의 최초의 교회는 예루살렘 원시교회공동체입니다.

교회가 새로이 시작되는 개척 교회의 특징은 거의 모두 소수의 사람들이 모여서 가정에서 시작되게 되는데, 예루살렘 교회는 예수의 제자들을 중심으로 120명의 문도들이 성령임재 후, 사도들이 전하는 말씀에 찔림을 받고 회개 운동이 일어나고 그들이 세례를 받고 첫 교인들이 된 사람들이 자그마치 3천여 명이나 되었으니 참으로 대단한 은총이 아닐 수 없습니다.

이 교회의 특징은, 사도들은 권위를 가지고 말씀을 가르치고 신자들은 열심히 모여 배우는 일이 우선됩니다. 어느 누가 그렇게 하라 하지 않았는데, 은혜를 받고 보니 그들 스스로의 마음이 움직여 자신들의 소유를 내어놓아 지체들 가운데 궁핍한 사람이 없도록 합니다. 그것이 모임 속에 떡을 나누며 친교로 이어집니다.

지금 같은 형식이 아니라 친교와 식사가 곁들여진 성만찬인 것입니다. 그들은 날마다 성전에 모여 기도에 전부 힘쓰게 됩니다. 기도 외에 성령의 능력을 힘입을 수 있는 길이 없음을 깨달았기 때문입니다(막 9:29).

누가복음에 의하면 기도는 예수 전통입니다. 예수의 삶은 기도에서 시작하여 기도로 끝이 납니다. 신앙생활은 성령의 인도하심에 스스로 움직이는 생기로움이 있어야 합니다. 이처럼 기도와 친교, 교육과 선교가 순수하게 일어나는 곳이 성령의 인도하심이 있는 교회입니다.

Shalom!

누가복음은 실제로 예수님을 기도를 소중히 여기고 실천하신 분으로 묘사하고 있습니다. 복음서 전체에서 우리는 예수님이 종종 이른 아침이나 늦은 밤에 조용한 곳으로 물러나 기도하는 모습을 볼 수 있습니다. 또한 제자들에게 기도에 대해 가르치시고 기도하도록 격려하셨습니다.

누가복음에는 교회가 성령이 신자들을 인도하는 곳이라고 명시적으로 언급되어 있지는 않지만, 성령이 교회의 삶에서 활동하신다는 생각은 신약 성경에서 공통적으로 나타나는 주제입니다. 예를 들어 사도행전을 보면 초기 기독교 공동체가 복음의 메시지를 전파하고 예수님의 사명을 수행할 수 있도록 성령께서 힘을 주시는 것을 볼 수 있습니다. 따라서 교회는 신자들이 성령의 인도하심을 경험할 수 있는 곳이라고 말하는 것이 합리적입니다.

내가 지닌 산 소망

로마서 Romans 8:24-27

만일 우리가 보지 못하는 것을 바라면 참음으로 기다릴지니라(25).

But if we hope for what we do not yet have, we wait for it patiently.

....

소망이 무엇인가요? 보이는 것은 소망이 아닙니다. 소망은 믿음의 또 다른 이름입니다. 소망 안에서 하나님나라를 이루어 가기 때문입니다.

그러나 소망은 인내로 기다림 속에 있습니다. 내가 기다리는 것은 죽음이 아니라 생명이고 오늘을 힘듦과 고통 속에 살아도 우리를 생기있게 움직이는 것이 소망입니다. 그러나 인간의 연약함은 고난을 견디는 것 같아도 쉽게 주저앉게 되기에, 성령께서 우리의 연약함을 도와주십니다.

때때로 우리의 무기력함과 지혜롭지 못한 분별력으로 오는 무능함까지도 성령께서는 감싸안아 주셔서 다시 삶을 일으켜 세워주십니다.

분명히 출애굽을 통하여 자유인이 되었건만, 그 흔적을 지우지 못하고 애굽의 고기 가마를 그리워했던 히브리 민족들, 40년간의 광야 생활은 그들을 사람답게 살아가는 것이 무엇인지 자유인으로서의 삶의 가치가 무엇인지 바로 깨닫는 기간이었습니다.

자기 자신들이 존귀한 존재라는 가치를 예수와 함께함으로써 비로소 알게된 갈릴리 사람들, 끝까지 십자가의 길을 따라 다시 살아남의 동산에서 새 역사를 써내려 갑니다.

그것이 성령께서 우리와 함께 계셔서 하늘의 소망을 누리며 사람답게 살게 하시는 일이기에 기도하고 또 기도하면서 소망을 새롭게 해 봅니다.

내가 여기 있습니다

이사야 Isaiah 6:8-13

내가 또 주의 목소리를 들으니 주께서 이르시되 내가 누구를 보내며 누가 우리를 위하여 갈꼬 하시니 그 때에 내가 이르되 내가 여기 있나이다 나를 보내소서 하였더니(8).

Then I heard the voice of the Lord saying, "Whom shall I send? And who will go for us?" And I said, "Here am I. Send me!"

·····································

"내가 누구를 보내며 누가 우리를 위하여 갈꼬?" 보내심은 하나님이시고, 우리를 위하여는 성부, 성자, 성령님뿐만 아니라 성도들을 위하여 쓰임 받을 자를 찾으십니다.

"내가 여기 있습니다, 나를 보내소서!" 하나님과 사랑하는 이스라엘 공동체를 위하여 자원해서 하나님의 뜻을 수행하고자 합니다. 그러나 그 보내심에는 입술이 부정한 자들에게 보내심을 받게 되는 것이고(5절 참고), 말씀을 전해도 깨닫지도 못하고 마음을 굳게 닫고 듣지도 않는 백성들, 귀가 막히고 눈이 감겨 듣지도 보지도 못하는 자들에게 보냄을 받은 것입니다.

우리의 삶의 자리, 우리의 사역의 자리가 이처럼 황폐한 곳인지도 모릅니다. 완악하기 때문에 황폐해졌고 쓸모없는 환경이 되어진 곳에 베어진 밤나무와 상수리나무의 그루터기로 남아 새싹을 돌아내라고 하시는 것이겠지요?

　충분히 좌절하고 주저앉을 수밖에 없는 환경이지만, 하늘의 소망을 우리에게 주신 것은 우리로 이 땅의 그루터기를 삼으셨기 때문입니다.

　내가 스스로 싹을 돌아낼 수 없다 할지라도 죽지 않고 살아 숨쉬고 있다면, 분명히 새싹은 돋아날 것입니다. 함께 힘을 내서 이 사명을 감당했으면 합니다.

거듭남의 삶

요한복음 John 3:4-8

내가 네게 거듭나야 하겠다 하는 말을 놀랍게 여기지 말라(7).

You should not be surprised at my saying, 'You must be born again.'

....

바리새인이며 산헤드린 회원이고 유대인의 지도자인 니고데모와 예수의 대화 중, "거듭나야 하겠다"는 예수님의 말씀은 무엇을 뜻하는 말일까요?

'거듭남'이란 헬라어 '아노덴'(ἄνωθεν)은 '다시 태어나다'(born again)는 의미도 있지만 '위로부터~~'라는 의미도 있습니다. 거듭남이란 '위로부터 새로 태어나는 것'이란 말이 됩니다. 거듭남이 없이는 하나님나라를 볼 수 없고, 당연히 하나님나라의 삶을 누릴 수도 없습니다. 이것은 예수께서 "성령으로 나지 아니하면 하나님나라에 들어갈 수 없다"고 하신 말씀과 같습니다(5).

오순절에 베드로의 설교에 마음이 찔린 사람들이 "우리가 어떻게 해야 합니까?" 물을 때에, "너희가 회개하여 각각 예수 그리스도의 이름으로 세례를 받고 죄 사함을 받으라. 그리하면 성령의 선물을 받으리니…"(행 2:37-38).

우리는 기억해야 합니다. 죄로부터의 성결과 성령의 임재는 하나님나라를 볼 수 있는 유일한 조건입니다. 예수를 믿고 다시 태어남의 삶이 있어야 합니다. 예수 때문에 생각이 바뀌는 것이고 마음이 바뀌는 것입니다.

세상의 가치를 추구하던 삶이 예수 때문에 삶의 가치가 바뀌게 되는 것입니다. 내면의 변화가 일어나는 일이고, 외면의 삶이 달라지는 것이 거듭남의 새로운 삶입니다.

Shalom!

좋은 소식은 신자로서 거듭나고, 성령 충만한 그리스도인으로서 우리의 기초는 그리스도라는 것입니다. 어린 시절의 잘못된 기초는 수리될 수 있습니다. 당신이 이 기도 요점을 사용할 때, 그리스도 예수께서는 모든 잘못된 기초를 재건하기 위해 당신의 삶에 발을 들여놓을 것이며, 그리스도 예수께서는 당신을 모든 근본적인 속박에서 해방시킬 것입니다.

평화의 사람으로

요한복음 John 14:25-27

평안을 너희에게 끼치노니 곧 나의 평안을 너희에게 주노라. 내가 너희에게 주는 것은 세상이 주는 것과 같지 아니하니라. 너희는 마음에 근심하지도 말고 두려워하지도 말라(27).

Peace I leave with you; my peace I give you. I do not give to you as the world gives. Do not let your hearts be troubled and do not be afraid.

....

평화에 대하여 깊은 관심을 가져보십시오. 세상의 평화가 아니라 예수께서 주시는 평화입니다. 우리말에는 평화와 뜻이 같은 말이 화평, 평안, 평강 등 여러 말이 함께 쓰이고 있습니다.

평화는 성령의 열매이기도 합니다(갈 5:22). 헬라어 '에이레네'(εἰρήνη)는 평화라는 뜻인데, 히브리어 '샬롬'은 완전한 평화를 말합니다.

싸움과 다툼과 전쟁이 없는 것이 평화라면, 더불어 사는 것을 배워야 합니다. 돈이 우선이고 경쟁해야 살아남을 수 있는 세상에서 더불어 살아간다는 것은 결코 쉬운 일이 아닙니다.

경쟁해서 남을 짓누르고 일어서야 내가 살 수 있다면, 그것은 평화로운 상태가 아닐 뿐만 아니라 더불어 살아가는 세상이 아닙니다.

'우분투'(ubuntu)란 말은 남아프리카의 반투어에서 유래된 말로 아프리카의 전통적 사상이며 평화운동의 사상적 뿌리입니다. 다 함께 나누고 베풀며 도와주고 일으켜 세워 더불어 함께 살아가는 움직임입니다.

예수께서 자신이 가지고 계시던 하나님나라의 평안을 우리들에 게 보혜사 성령님과 함께 선물로 주신 것은, 성령이 우리의 삶을 이끌어 가면 당연히 평화의 열매가 열리기 때문입니다. 평화를 만 들어가는 사람이 하나님의 아들딸입니다.(마 5:9)

작은 예수의 삶으로

로마서 Romans 5:18-19

한 사람이 순종하지 아니함으로 많은 사람이 죄인 된 것 같이 한 사람이 순종하심으로 많은 사람이 의인이 되리라(19).

For just as through the disobedience of the one man the many were made sinners, so also through the obedience of the one man the many will be made righteous.

....

아담과 예수. 아담은 불순종으로 많은 사람을 죽음에 이르게 한 반면에, 예수는 순종함으로 많은 사람을 생명에 이르게 하였다는 것이 본문의 핵심입니다.

아담은 피조물로써 창조주 하나님과 같이 되려고 한 반면에(창 3:5), 예수는 말씀이 육신이 되어 오신 분임에도 자기를 낮추어 섬김의 삶을 사신 분입니다.(요 10:18, 마 26:39)

우리 각 사람의 삶이란 이처럼 매우 중요한 것입니다. 내가 어떤 사람으로 살아가느냐에 따라 어떤 사람에게는 죽음의 길로 어떤 사람에게는 생명의 길로 인도할 수 있기 때문입니다.

밤이 깊어 갈수록 새벽도 가까이 다가오고 있습니다. 세상이 어두울수록 내가 작은 촛불이라도 될 수 있다면 우리의 삶이 빛을 발할 수 있습니다. 누군가에게 좋은 영향을 끼치느냐 아니냐의 문제는 우리 자신에게 있습니다.

죽음에 이르게 하는 길이냐, 생명에 이르게 하는 길이냐도 예수의 사람으로 내가 어떻게 사느냐에 달려 있습니다. 작은 예수로서의 삶이었으면 합니다.

Shalom!

모든 그리스도인의 삶의 목적은 '작은 예수'가 되고자 함이 아닐까요?

용서받지 못할 자

마가복음 Mark 3:20-30

성령을 모독하는 사람은 영원히 용서받지 못할 것이며 그 죄는 영원히
벗어날 길이 없을 것이다(29).

But whoever blasphemes against the Holy Spirit will never be
forgiven; he is guilty of an eternal sin.

....

성령강림 절기가 시작되었습니다. 이 기간 동안 교회력에 의하
여 마가복음을 묵상하려 합니다. 천천히 깊이 있게 묵상해 보도록
합시다.

예수의 치유 사역은 당시 종교 지도자들뿐만 아니라 친지들에
게까지도 많은 오해와 의심을 낳게 합니다. 오죽하면 예수를 미친
줄 알고 붙잡으러 왔을까요?

"사람이 모든 죄와 모든 모독하는 일은 용서를 받겠지만, 성령
을 모독하는 자는 영원히 용서받지 못할 것이며, 그 죄는 영원히
벗어날 길이 없을 것이다"(28-29). 그들을 향하여 예수께서 하신
말씀입니다.

성령을 모독한다 혹은 훼방하는 죄는 '말'과 관련이 있습니다
(30). '모독하다' 혹은 '훼방하다'는 헬라어는 '블라스페메오'(βλα
σπημεω)인데, 'stupid'라는 뜻의 '블락스'(βλάξ)와 'speech'라

는 뜻의 페미스(φῆμις)가 결합된 말입니다. 그러므로 문자적으로 '말로써 해를 끼친다'는 뜻입니다.

문제는 이들이 예수를 받아들이지 않고 오히려 모욕하고 비판합니다(22절). 그들은 율법을 지키는 데는 열심이었는지 몰라도 하나님에 대하여 제대로 알지 못한 것입니다.

성령을 거스르고(엡 4:30) 소멸시키는 자(살전 5:19)는 회개할 기회마저 박차 버린 것이기에 영원히 용서받을 수 없다 하신 것입니다.

예수께서 자기 자신의 목숨을 바쳐 이루고자 하신 구원 사역을 거부하거나 성령을 훼방하는 자가 되지 말아야 합니다. "선 줄로 생각하는 자는 넘어질까 조심하라"(고전 10:12) 했습니다. 자기만 의로운 자인 것처럼 말로 남을 비난하는 자들이 많기 때문입니다.

하나님의 뜻을 행한다는 것

마가복음 Mark 3:31-35

누구든지 하나님의 뜻대로 행하는 자가 내 형제요 자매요 어머니이니라 (35).

"For whoever does the will of God, he is My brother and sister and mother."

....

하나님나라를 이 땅에 이루기 위해 목숨을 걸 정도로 애를 쓰며 사역하던 예수를 미친 자로 매도했던 종교인들, 그리고 그를 찾아왔던 친지들, 이해하려고 마음먹으면 이해 못 할 것도 없습니다.

어느 날, 세례 요한을 찾아 집을 떠난 예수가 40여 일이 지나도 집으로 돌아오지 않더니 갑자기 고향으로 돌아와 귀신을 쫓아내고 병든 자들을 낫게 하며 보잘것없이 살아가는 자들에게 긍휼을 베풀며 하나님나라 복음을 전하고 있다는 소식을 들었으니 그 형제자매들과 어머니는 얼마나 놀랐을까요?

그들의 눈에는 귀신에 씌운 것이 분명해 보였습니다. 예수의 어머니와 형제들이 찾아왔을 때, 둘러앉아 말씀을 듣고 있던 사람들에게 "누가 내 어머니며 형제들인가?" 물으셨어요.

그리고 그들이 대답할 틈도 없이 "누구든지 하나님의 뜻대로 행하는 자가 내 형제요 자매요 어머니이니라." 진정으로 여러분이 예수에게 속한 자라면, 귀를 열고 마음을 열어야 할 것입니다.

피를 나눈 혈연 관계가 아닌 것이 아니라 영적으로 신앙공동체가 된 사람들, 바로 하나님의 뜻을 행하며 살려고 하는 사람들이 형제요 자매요 어머니입니다.

나를 향한 하나님의 뜻이 무엇일까? 하나님의 말씀을 듣고 행하는 자(눅 8:21)로 산다는 것, 깊이 묵상하는 삶이 되었으면 합니다.

들을 귀가 있는 사람

마가복음 Mark 4:1-9

예수께서 덧붙여서 말씀하셨다. "들을 귀가 있는 사람은 들어라."(새번역 9절).

Then Jesus said, "He who has ears to hear, let him hear."

....

예수께서는 씨뿌리는 비유를 통하여 하나님나라를 전파하셨습니다. 그리고 이날의 초점은 씨앗이나 뿌리는 자보다는 땅에 관심이 집중되었습니다.

"농부가 씨를 뿌리는데 길가에 뿌려져 새들이 와서 씨앗을 쪼아 먹었다. 흙이 많지 않은 돌짝 밭에 씨가 뿌려져 싹은 나왔지만, 흙이 깊지 않아 해가 뜨자 곧 타버리고 말라 버렸다. 가시덤불에 뿌려져 가시덤불이 자람을 방해해서 열매를 맺지 못했다. 좋은 땅에 씨가 뿌려져 싹이 나고 자라서 30배, 60배, 100배의 열매를 맺었다"(3-8절)는 것입니다.

이 말씀을 하시고 뜬금없이 "들을 귀가 있는 사람은 들으라" 하셨습니다. 들을 귀가 없는 사람도 있을까? 무슨 의미일까? 말씀을 듣든지 아니 듣든지의 문제인가?

그럴 수도 있겠지만, 씨앗이 하나님의 말씀이라 할 때 말씀을 전하는 사람은 따로 있는 것이며 말씀을 누구에게나 주어졌으나 그 말씀을 듣고, 깨닫고, 행하는 것은 각 사람(내 자신)이 하는 것이고 그 결과에 대한 심판이 있을 것이란 경고였습니다.

삶은 자신의 문제입니다. 평생을 남을 원망하며 살지 말고 듣고, 깨닫고, 행하는 사람으로 살아야 합니다. 그 이유는 씨를 뿌리지 않는 사람은 결실할 것도 없기 때문입니다. 들을 귀 있는 사람은 들으십시오.

Shalom!

나는 포도나무의 가지이다. 예수 그리스도는 내가 그분 안에 거하기 때문에 참 포도나무입니다. 나는 성령의 열매로 충만합니다. 나는 사랑과 희락과 화평과 오래 참음과 친절과 양선과 충성과 온유와 절제가 충만하니라. 하나님의 은혜가 그분의 영광의 빛으로 내 생애 위에 있기 때문에 나는 하나님의 은총으로 충만하니라. 나는 하늘의 모든 영적 축복에 참여하는 자니라.

마음 밭을 갈아엎어야

마가복음 Mark 4:13-20
뿌리는 자는 말씀을 뿌리는 것이라(14).
The farmer sows the word.

....

예수의 제자들은 가르침에 대한 몰이해가 이미 떠나간 자들이나 별로 다를 바가 없었습니다(3). 그래서 그들은 끊임없이 배워야 했습니다.

제자들이란 배움의 도상에 있는 자들이기에 우리도 마찬가지로 다 배운 사람들이 아니라 아직도 배움 가운데 있는 사람들인 것입니다. 예수께서 하나님의 말씀을 선포했다면, 그의 제자들도 선포했고, 오늘 우리도 말씀을 배우고 선포하는 사람들입니다.

말씀을 듣는 것은 길가, 돌밭, 가시떨기, 좋은 마음 밭에서도 동일한 것입니다. 말씀을 듣는 것만으로는 좋은 땅이 될 수 없다는 뜻입니다. 좋은 땅이 되려면 하나님의 말씀을 생명처럼 여기고 마음 깊이 간직할 때 거름기를 먹은 땅처럼 좋은 마음 밭이 될 수가 있습니다.

농부는 밭을 갈아엎고 거름을 주어 좋은 땅을 만들어 내지만, 사람의 마음은 자기 자신만이 갈아엎고 기름지게 할 수 있습니다. 풍요의 신 바알과 하나님을 함께 섬기고 있던 북이스라엘을 향하여 호세아 선지자는 묵은 땅을 기경(갈아엎으라)하라고 외칩니다(호 10:12).

자신의 마음 밭을 갈아엎어 좋은 땅을 만들어야 합니다. 굳은 마음을 갈아엎으십시오. 완악하고 악한 마음, 탐심에 져들어 욕심이 가득한 마음을 갈아엎어야 공의를 심고 인애를 거둘 수 있기에 (호 10:12), 말씀에 뿌리를 깊이 내리는 노력이 필요한 것입니다.

말씀을 바로 살피자

마가복음 Mark 4:21-25

또 이르시되 너희가 무엇을 듣는가 스스로 삼가라. 너희의 헤아리는 그
헤아림으로 너희가 헤아림을 받을 것이며 더 받으리니(24).

"Consider carefully what you hear", he continued. With the
measure you use, it will be measured to you--and even more

....

믿음은 들음에서 나며, 들음은 그리스도의 말씀으로 말미암는
것이기에(롬 10:17), 들을 귀를 만들기 위해 훈련이 필요합니다.

등불 비유를 통해 비유의 궁극적 목적을 밝히는데 등불은 말로
덮어 놓거나 평상 아래 두지 않고 등경 위에 두어 주변을 밝히기
위함입니다. 그러므로 말씀을 진지한 자세로 들어야 합니다.

말씀을 주의 깊게 듣고 분석하는 자세에 따라 하나님나라 비밀
을 풍성하게 깨닫게 됩니다. 그렇지 않으면 깨달았던 것도 잃어버
리게 된다는 것을 교훈하셨습니다.

등불을 밝힌 것처럼 진리는 숨길 수 없는 것입니다. 하나님나라
가 비유로 선포되는 것은 언젠가는 온 세상에 등불처럼 드러나게
하기 위함입니다.

무엇을 듣는가 스스로 삼가야 합니다. "너희가 헤아리는 그 헤
아림으로 너희가 헤아림을 받을 것이다"는 말씀은 결코 부정적인

말이 아닙니다.

'헤아리다'는 헬라어 '매트레오(μετρέω)'는 객관적인 측정을 의미하는 말입니다. 영적 통찰력을 가지고 바르게 듣고 이해한다면, 모두에게 유익된 삶이 될 것입니다. 공동번역으로 이 부분을 살펴보면 더 쉽게 다가갈 수 있습니다. "너희가 남에게 달아주면 달아주는 만큼 받을 뿐만 아니라 덤까지 얹어 받을 것이다"-(24).

Shalom!

종교적 텍스트를 연구하고 이해할 때, 단어를 읽고 분석하는 데 신중하고 사려 깊은 접근 방식을 취하면 그 가르침과 그 안에 담긴 신비를 더 깊이 이해할 수 있습니다. 새로운 통찰과 해석에 열린 자세를 취함으로써 우리는 전달되는 영적, 도덕적 교훈을 더 잘 이해할 수 있고, 이를 우리 삶에 의미 있는 방식으로 적용할 수 있습니다. 그러나 개인마다 종교 텍스트에 대한 고유한 해석이 있을 수 있으며, 이러한 차이를 존중하고 열린 마음과 친절과 자비의 정신으로 토론에 접근하는 것이 중요하다는 점을 명심하는 것도 중요합니다. 궁극적으로 종교 텍스트를 공부하는 목적은 우리 자신의 영적, 도덕적 이해를 깊게 하고, 신념이나 배경에 관계없이 모든 사람들에 대한 공감과 연민을 키우는 데 있어야 합니다.

고요한 평화를 얻으려면

마가복음 Mark 4:35-41

예수께서 깨어 바람을 꾸짖으시며 바다더러 이르시되, "잠잠하라! 고요
하라!" 하시니 바람이 그치고 아주 잔잔하여지더라(39).
He got up, rebuked the wind and said to the waves, "Quiet! Be
still!" Then the wind died down and it was completely calm.

....

갈릴리 바다 위에 배를 띄워 놓고 하나님나라의 복음을 선포하
시던 예수께서 제자들과 함께 갈릴리 호수 건너편 동쪽 '거라사'
쪽으로 가시면서 얼마나 피곤하셨으면 광풍이 불어와 배가 난파
할 지경에 이르렀는데 깊은 잠을 자고 계셨을까 생각해 봅니다.

그런데 예수와 함께 동행하고 있는데 광풍이 불어와 배에 물이
들어오고 흔들림이 심해지자 "우리가 죽게 된 것을 돌보지 않으십
니까?" 예수님을 흔들어 깨우던 제자들. 우리 신앙생활도 다름이
없다는 생각이 듭니다.

끊임없이 불어오는 세상 풍파에 흔들립니다. 죽음에 대한 두려
움이 생길 정도로 흔들림과 싸우며 다행인 것은 "우리를 돌보지
않으십니까?" 예수님을 향하여 부르짖을 수 있다는 점입니다.

그런데 깊이 묵상해 보면, 갈릴리 바다에서 고기를 낚던 어부
출신들이 예수님의 제자들이기에 그곳 사정을 너무나 잘 알고 있

을 터인데… 대처하지 못하고 두려움에 가득 차서 깊이 잠들어 계신 예수님을 깨웠다는 것입니다.

예수께서 바다더러 "잠잠하라, 고요하라" 하시니 바람이 그치고 바다가 고요해졌습니다. "잠잠하고 조용하라!(Quiet! Be still!)"는 말은 조용히 묵상하라는 의미입니다.

광풍이 부는 듯 혼란스러운 세상에서 마음의 고요함, 평화스러움을 가지고 살려면 조용히 말씀을 묵상하는 삶이 필요한 때입니다.

예수와 무슨 관계인가?

마가복음 Mark 5:1-7

큰소리로 외쳤다. "더 없이 높으신 하나님의 아들 예수님, 나와 무슨 상관이 있습니까? 하나님을 두고 애원합니다. 제발 나를 괴롭히지 마십시오."(새번역 7절)

He shouted at the top of his voice, "What do you want with me, Jesus, Son of the Most High God? Swear to God that you won't torture me!"

....

바다의 광풍을 잠잠케 하신 예수께서 갈릴리 호수 동편 '거라사' 지방에 도착하셨을 때, 그곳에 또 다른 광풍이 휘몰아치고 있었습니다. 더러운 귀신 들린 사람이 예수를 찾아왔기 때문입니다.

그는 무덤 사이에서 살면서 귀신의 힘으로 쇠사슬에 묶어 놓아도 손과 발에 쇠고랑을 채워 놓아도 아무도 그를 이겨낼 수 없었던 것입니다. 그런데 거라사 지방은 갈릴리 호수에서 동남쪽으로 42km 정도 떨어진 곳에 있으니 마태복음에서 지적하고 있는 갈릴리 호수 근처의 '가다라' 지역이 맞는 것 같습니다(마 8:28).

하여간 놀라운 사실은 귀신 들린 사람이 예수를 제대로 알아보았다는 것입니다. "지극히 높으신 하나님의 아들 예수여!" 그런데 문제는 예수가 하나님의 아들임을 알아본다 해도 진실한 고백이 아니라는 것입니다. "나와 무슨 상관이 있습니까?", "제발 나를 괴롭히지 마십시오." 영적 존재들인 귀신들이 예수를 알아보았다 해도 그들은 예수와의 만남으로 더 이상 거할 곳이 없어졌기 때문입니다.

나와 무슨 상관이냐? 이 말은 이곳에서 부정적인 말로 쓰이긴 하지만, 우리가 진정으로 예수와 무슨 관계인가를 깊게 묵상해야 할 것입니다.

Shalom!

마가복음 5장에서 예수님은 게라사대 지역을 여행하던 중 악령에 사로잡힌 한 남자를 만났습니다. 그 사람은 예수님을 보자마자 예수님 앞에 엎드려 큰 소리로 외쳤습니다. "지극히 높으신 하나님의 아들 예수님, 저에게 무엇을 원하십니까? 저를 고문하지 않겠다고 하느님께 맹세하십시오!" 그 사람은 분명히 겁에 질려 동요하고 있었고, 그 안에 있는 악령이 그를 통해 말하고 있었습니다. 그러자 예수님은 악령에게 그 사람을 떠나라고 명령하셨고, 악령이 떠나자 그 사람은 바른 마음을 회복할 수 있었습니다. 이 구절은 종종 악을 물리치는 예수님의 능력과 고통받는 사람들을 치유하고 회복시키는 예수님의 능력을 보여주는 예로 인용됩니다.

생명보다 귀한 것은 없다

마가복음 Mark 5:8-13

이에 간구하여 이르되 우리를 돼지에게로 보내어 들어가게 하소서 하니 (12).

The demons begged Jesus, "Send us among the pigs; allow us to go into them."

....

당신이 나와 무슨 상관이냐? 나를 괴롭히지 말라(7절) 귀신 들린 사람이 이렇게 말하기 전에, 이미 예수께서는 그가 사람답게 살아가지 못하는 것을 보고 그 사람에게서 귀신을 쫓아내 주시려 했습니다.

예수께서 "네 이름이 무엇이냐?" 그에게 물으셨을 때, 내 이름은 '군대'라고 그가 대답한 것은 귀신이 혼자가 아니라 여럿이라는 것을 말합니다. 우리가 이 말씀 속에서 생각할 수 있는 것은 각 사람의 중요성입니다.

예수의 이름은 죄를 사하고 구원을 줍니다.(고전 5:4-5) 그러나 사탄의 이름은 죽음과 질고를 줄뿐입니다.(막 7:25-30) 그러므로 우리는 자신의 이름에 부끄러움이 없는 삶을 살아야 합니다.

오늘 본문에서 제일 난해한 말씀은 왜 군대 귀신은 자그마치 2,000마리나 되는 돼지 떼에게 들어가길 원했고, 예수께서는 무엇 때문에 허락을 하셨는가입니다.

돼지는 유대인 사회에서는 부정한 짐승으로 여겨 먹지도 못하게 했습니다.(레 11:7-8) 삼겹살을 좋아하는 한국인들에게 그리고 자본을 우선적으로 생각하는 이들에게는 전혀 이해될 수 없는 일이겠지만, 한 생명을 천하보다 귀하게 여기신(마 16:26) 예수께서는 돼지 떼보다도 사람의 생명을 귀하게 여기신 것을 알 수 있습니다.

자기 생명을 귀하게 여겨야 남의 생명도 귀한지 알게 됩니다. 자기 자신에게 "네가 참 귀한 존재다" 말해 보십시오. 당신의 자존감이 살아날 것입니다.

예수를 만난 사람의 변화

마가복음 Mark 5:14-17

그들이 예수께 그 지방에서 떠나시기를 간구하더라

And they began to implore Him to leave their region.

....

어떤 힘을 쓸 수도 없는 순간, 2천 마리의 돼지가 한순간에 바다로 달려가 몰사하는 그 놀라운 광경을 지켜보아야 했던 이들은 도저히 믿을 수 없는 사실을 경험하고 혼비백산해서 마을로 도망을 치게 됩니다. 그리고 만나는 사람들에게 그 소식을 전하여 거라사 전 지역에 퍼지게 되었고, 사람들은 그 현장으로 달려 나오게 됩니다.

그들은 귀신 들렸던 사람이 온전해진 모습을 보았습니다. 옷을 벗고 있어도 부끄러움을 모르던 사람이 지금은 정상인으로 옷을 입고 있습니다. 무덤 사이에서 기거하며 자기 몸을 자해하여 아무도 가까이할 수 없었던 사람이 지금은 온전한 정신과 이성으로 예수와 만나고 있습니다. 밤낮을 가리지 않고 소리를 지르며 방황했다면, 지금은 예수 앞에 조용히 앉아 말씀을 듣고 있습니다.(눅 8:27-35) 이것이 예수를 만난 자의 변화입니다.

예수님의 권능과 이런 상황을 지켜보던 사람들은 예수를 그곳에서 떠나 달라 간청을 합니다. 그들의 눈에는 귀신에게 풀려난 사람의 가치가 중요한 것이 아니라, 또 다른 손해를 입을까 전전 긍긍하는 모습입니다.

진정으로 예수를 만나십시오. 그러면 삶의 변화를 기대해도 좋습니다. 누가 고쳐줄까 생각하지 말고 자신의 잘못된 습관을 바꾸는 노력을 하십시오. 세상의 가치가 아니라 하늘의 가치관을 가지십시오. 신앙생활은 이런 결단이 있어야 성숙한 신앙인으로 살아가게 됩니다.

Shalom!

예수는 재능 있는 교사였을 뿐만 아니라 그가 가장 좋아하고 독특한 교육 매체는 비유였습니다. 기본적으로 비유라는 단어는 비교 또는 직유를 의미하며 종종 극적인 내러티브의 형태로 일반적으로 하나의 주요 요점을 전달합니다. 예수님의 비유의 특징은 하나님나라의 성품, 가치, 도래에 관한 몇 가지 진리를 설명하는 것이었습니다.

"네 이웃을 네 몸과 같이 사랑하라"(누가복음 10:27)

이 비유는 보편적으로 찬사를 받았고 다양하게 해석되었습니다. 이 비유는 우리에게 이웃에 대한 정의를 제공합니다. 예수님의 비유는 우리에게 모든 인종적, 사회적, 성적, 종교적 편견을 극복하도록 가르칩니다. 적극적으로 우리는 우리 이웃의 최고의 복지를 추구해야 합니다.

쓰임 받는 사람으로

마가복음 Mark 5:18-20

그가 가서 예수께서 자기에게 어떻게 큰 일 행하셨는지를 데가볼리에 전파하니 모든 사람이 놀랍게 여기더라(20).

So the man went away and began to tellin the Decapoli show much Jesus had done for him. And all the people were amazed.

....

귀신에 붙잡혀 처참하게 살았던 사람이 놓임을 받고 자유인이 된 후, 그 감사함에 예수를 따르겠다고 간청을 합니다. 그와는 반대로 자신들은 흠이 없는 자라고 생각했던 거라사 지역 사람들은 오히려 예수님께 그곳을 떠나 주실 것을 간절하게 간청을 합니다.

은혜를 체험한 사람은 개인적인 불행한 삶도 뒤바꾸어 주시는 축복이 주어집니다. 귀신에게 놓임을 받고 자유함을 얻은 사람의 간구함을 허락지 않으신 이유가 있습니다.

첫째는 가족의 회복에 있다 할 수 있습니다. 광인으로 살았던 그가 가족들에게 온전한 사람 노릇을 할 수가 없었을 것이고, 가족들은 말할 수 없는 힘듦이 있었을 것입니다. 그 회복이 필요했기에 집으로 돌아가라 하셨습니다.

둘째는 사람들의 반대에 부딪혀 그 지역을 떠나 갈릴리로 돌아가시게 된 예수님의 뜻에 따라 거라사 지방이 있는 데가볼리에 복음을 전파할 사람이 필요하셨던 것입니다.

나의 기도와 간구함이 받아들여지지 않는다 해도 거기에는 하나님의 뜻하신 바가 있음을 알고 말씀에 순종하는 삶이 필요한 것입니다. 주께로부터 쓰임 받을 수 있는 사람이라는 것을 늘 잊지 말아야 합니다.

Shalom!

내가 지을 새 하늘과 새 땅이 내 앞에 항상 있는 것 같이 너희 이름과 후손도 항상 있으리라.(이사야 66:22)

편견을 버려야

마가복음 Mark 6:1-3

이 사람이 마리아의 아들 목수가 아니냐 야고보와 요셉과 유다와 시몬의
형제가 아니냐 그 누이들이 우리와 함께 여기 있지 아니 하냐 하고 예수
를 배척한지라

Isn't this the carpenter? Isn't this Mary's son and the brother of
James, Joseph, Judas and Simon? Aren't his sisters here with
us? And they took offense at him.

....

나의 기억 속에 처음 세상은 인천 앞 바다 장봉이란 섬이었습니
다. 다섯 살 때 그곳을 떠나 인천으로 이사를 했지만, 늘 고향처럼
그리운 곳이었습니다. 20여 년의 세월이 지나 군에서 제대한 후,
기억을 더듬어 장봉섬을 찾아갔을 때 부친께서 목회하시던 교회
도, 우리가 살던 주택도 흔적도 없이 사라지고 무성한 풀만 대지
를 덮고 있음을 보고 얼마나 마음이 허전했던지 모릅니다.

고향이란 그런 곳입니다. 이제는 고국을 떠나와 있으면서 그리
움만 남아 있는 고향, 고국이란 말 한마디에도 밀물처럼 그리움이
몰려오기도 하는 곳이 고향 땅입니다.

예수의 고향 나사렛, 그는 고향 사람들이 모여 있는 회당에 들
어가 하나님나라를 선포하게 됩니다. 사람들은 그가 전하는 말씀

을 듣고 그의 권능과 지혜를 놀라워하면서 반기기는커녕 그를 배척을 합니다. 그 이유는 자기들이 잘 아는 마리아의 아들 목수였고, 형제들과 자매들 그리고 어머니를 잘 안다는 편견을 가지고 있었기 때문입니다.

불신앙 가운데 자기 폐쇄적인 삶을 살아서는 안 됩니다. 자기 자신을 오픈하지 못하는 삶 앞에서는 예수께서도 아무런 능력을 행하지 못하셨습니다. 신앙생활은 하나님과 사람들 앞에 자기 마음을 적극적으로 여는 삶에서 익어가게 됩니다.

보내실 때는 능력도 힘입혀 주신다

마가복음 Mark 6:7-13

열두 제자를 부르사 둘씩 둘씩 보내시며 더러운 귀신을 제어하는 권능을 주시고(7).

Calling the Twelve to him, he sent them out two by two and gave them authority over evil spirits.

....

하나님께서 사람을 부르실 때는 그 사람이 당신의 일에 필요한 부분이 있는 것이고, 사명을 줘서 보내실 때는 그의 능력을 주어 잘 감당케 하시는 법입니다.

하나님의 나라를 선포하시다 고향에서 배척받으셨던 경험이 제자들을 두 사람씩 한 조로 묶어 내보내시며 전도의 기본자세와 지침을 말씀케 하셨던 것입니다.

외부로부터 자기 보호를 위하여 지팡이와 신 외에는 아무것도 가지지 말라 하신 것은 거친 광야길을 다녀야 하는 이들에게 꼭 필요한 것이지만, 마태는 그것 조차도 가지지 말라 말씀했다고 전하고 있습니다(마 10:10). 그 이유는 하나님께서 부르시고 보내실 때는 그 삶을 책임져 주신다는 강력한 메시지입니다.

사역자들은 자발적 청빈한 삶을 살아야 하겠지만, 그것을 강요하거나 생활하기에 버거운 대우를 당연시하는 사람들은 예수님의 말씀을 곡해하는 것입니다. 보내신 분이 우리의 삶을 책임져 주신다는 신앙을 지니고 살아가게 되면 내가 머무는 그곳을 평화의 동산으로 만들어갈 능력도 주심을 믿어야 합니다.

그래서 제자들을 영접치 않는 것은 주를 영접치 않는 것임으로 먼지까지 털어내 증거를 삼으라 하셨고, 제자들은 "회개하라!", "마음과 생각을 고쳐 먹으라!"(메타노이아) 외쳤던 것입니다.

믿음으로 받아들이는 자들이 치유와 회복을 체험할 수 있게 됩니다.

나와 우리를 통하여!

마가복음 Mark 6:14-16
이에 예수의 이름이 드러난지라(14a).
For Jesus name had become well known.

....

그는 흥하여야 하겠고 나는 쇠하여야 하리라.(요 3:30) 세례 요한의 예수를 향한 고백처럼, 열두 제자의 선교 파송으로 인하여 많은 귀신을 쫓아내며 많은 병자들을 고쳐주어 예수의 존재가 세상에 널리 알려지게 됩니다.

교회 부흥운동은 평신도 운동이라 할 수 있습니다. 평신도들이 움직여야 교회가 살아나게 됩니다. 평신도들의 재능과 은사가 살아 움직일 때, 그들의 삶을 통하여 신앙공동체에 활기가 차오르고 개개인의 삶도 유익해집니다.

세례 요한을 죽음으로 내몰았던 헤롯 안티파스는 세례 요한이 다시 살아나 예수에게서 움직이는 줄 알았습니다. 얼마나 두려웠으면 그런 상상을 다 했을까요?

불의한 자들의 삶은 늘 두려움과 무엇엔가에 쫓기는 듯한 마음으로 살아갈 수밖에 없게 됩니다. 오늘 우리가 어떻게 그리스도인으로 사느냐에 따라 예수의 이름이 높임을 받을 수도 있고 땅에 떨어진 소금처럼 맛을 잃고 짓밟힐 수도 있습니다.

우리의 삶을 통하여 자신의 삶뿐만이 아니라 주님의 몸 된 교회 공동체에 큰 유익함이 있기를 바랍니다.

Shalom!

소금과 빛은 가장 흔한 가정 필수품 중 두 가지입니다. 소금은 짠맛을 유지해야 합니다. 그렇지 않으면 쓸모가 없습니다. 빛은 그 밝기를 유지해야 합니다. 그렇지 않으면 그것은 결코 어둠을 몰아내지 못할 것입니다.

여러분은 세상의 소금이 되어 사회적 부패를 방해해야 합니다. 빛이 되어 어두움을 밝혀야 합니다. 그리스도인은 그리스도인의 특성을 유지해야 합니다.

죽음을 무릅쓰고

마가복음 Mark 6:17-20(21-29)

이는 요한이 헤롯에게 말하되, 동생의 아내를 취한 것이 옳지 않다 하였음이라(18).

For John had been saying to Herod, "It is not lawful for you to have your brother's wife."

....

세례 요한의 죽음에 깊은 관계가 있는 자들이 바로 헤롯 안티파스와 그의 아내 헤로디아입니다.

헤로디아는 헤롯 대왕의 아들 중 하나인 아리토 부루스의 딸인데, 삼촌인 헤롯 빌립과 결혼하여 살로메란 딸을 낳습니다. 그러나 그 남편을 버리고 남편의 형인 헤롯 안티파스와 재혼을 합니다. 세례 요한은 이 사실을 도덕적으로나 율법적으로 옳지 않게 여겨 이들을 비난하는 성서적 근거를 레위기 20:21에 두었습니다.

헤롯은 요한을 의롭고 거룩한 사람으로 알았고, 그를 보호하며 그의 비난을 받을 때 크게 번민하면서도 달갑게 받아들이곤 했습니다(20절). 그러나 요한을 원수처럼 여기는 헤로디아의 간교함으로 말미암아 요한을 옥에 가두게 됩니다.

불의함을 보고 하나님의 정의를 외치는 자의 신실함과 그를 의롭고 거룩한 사람으로 알면서도 회개하고 따르는 것이 아니라 우유부단함으로 요한을 감옥에 가두고 헤로디아의 요청으로 결국은 요한을 죽이게 됩니다.

　공자께서 "삼인행 필유아사언 三人行必有我師焉"이란 말씀을 논어에서 하셨는데, 세 사람이 길을 가면 그 중 반드시 나의 스승이 있다는 뜻입니다.

　무엇을 보고 무엇을 받아들이고 무엇을 버려야 할지는 나 자신이 하는 일입니다. 죽음을 무릅쓰고 하나님의 나라를 외쳤던 세례 요한이 참으로 그리워지는 세태(世態)입니다.

쉼의 장소로써의 교회

마가복음 Mark 6:30-34

이르시되 너희는 따로 한적한 곳에 가서 잠깐 쉬어라 하시니 이는 오고 가는 사람이 많아 음식 먹을 겨를도 없음이라(31).

Then, because so many people were coming and going that they did not even have a chance to eat, he said to them, "Come with me by yourselves to a quiet place and get some rest."

....

'사도apostles'(아포스톨로이ἀποστολοι)란 말은 '보냄을 받은 자'라는 뜻입니다. 보냄을 받는다는 것은 누군가 부른 이가 있고, 그에 의하여 보냄을 받는다는 의미입니다.

무슨 할 일이 있고, 그에 합당한 사람을 부르고, 부르심을 받은 사람은 쓰임 받기 위해 훈련을 통하여 세우심을 받은 후에야 비로소 보내심을 받게 됩니다.

부르심-세우심-보내심을 받은 사람은 사명을 감당한 후, 다시 돌아와 보내신 분 앞에서 자신이 한 일에 대해 낱낱이 보고해야 자신이 맡은 일이 끝나게 됩니다(30).

사명(일)을 감당한 일꾼들에게 필요한 것은 '쉼'입니다. 예수께서는 자신의 제자들에게 사람들이 많이 가지 않는 한적한 곳, 광야로 내보내어 쉬게 하셨습니다. 광야는 시련과 연단의 장소이기도 하지만, 휴식의 장소이기도 합니다(사 63:14, 렘 31:2).

일하지 않은 사람에게 쉼은 있을 수 없으나 힘들게 일한 사람에게는 반드시 쉼이 필요한 것입니다. 지치고 힘들 때 광야에 나아가 모든 것을 내려놓고 재충전의 시간을 가져야 합니다.

우리 교회는 실제적으로 '광야'입니다. 지치고 힘든 이들이 찾아 와서 쉼을 얻고, 삶을 회복할 수 있는 곳이 되어야 합니다. 영적 양식을 사모하고 평온한 마음으로 가득 채워질 때, 혼란한 세상 가운데서 흔들림 없이 하나님나라를 이루어 가는 삶을 살아갈 수 있습니다.

Shalom!

교회는 혼합 공동체입니다. 밭에 밀과 들풀이 있는 것처럼 교회에는 신자와 불신자가 모두 있습니다. 그리스도인이라고 공언하는 사람들은 비슷하게 보입니다.

둘 다 그리스도인의 삶을 구축하고 있는 것처럼 보입니다. 둘 다 그리스도의 말씀을 듣습니다. 그들은 교회에 가고, 성경을 읽고, 설교를 듣습니다. 그러나 그들의 삶의 깊은 기초는 보이지 않게 숨겨져 있습니다. 결국 그들은 왕국에서, 즉 예수님을 왕으로 인정하는 공동체에서 모아질 것입니다.

너희가 먹을 것을 주라!

마가복음 Mark 6:35-44

무리를 보내어 두루 촌과 마을로 가서 무엇을 사 먹게 하옵소서. 대답하여 이르시되 "너희가 먹을 것을 주라" 하시니(36-37a).

Send the people away so they can go to the surrounding country side and villages and buy themselves something to eat. But he answered, "You give them something to eat."

....

날이 저물어 가는 빈들에서 남자만 5천 명이라 하면, 어린아이들과 여자들을 합하면 2만여 명에 가까운 숫자는 되었을 것인데… 은근히 걱정이 되었던 제자들은 사람들을 마을로 보내 음식을 사 먹게 하자는 의견을 냅니다.

그때 예수께서 제자들에게 하신 말씀이 "너희가 먹을 것을 주라"고 하신 것입니다. 200데나리온(1데나리온은 노동자의 하루 품삯) 이상 가져야 음식을 나눌 수 있을 터인데, 그런 돈도 없었을 것이고 빈들에서 무슨 음식이 있었겠는가? 단지 떡 다섯 개와 물고기 두 마리가 있을 뿐, 제자들이 예수의 손에 올려놓았을 때, 하늘을 향하여 감사기도를 드리시고 굶주린 사람들과 나누게 되었을 때 모든 이들이 배불리 먹고 열두 바구니가 남았습니다.

빈들 - 굶주림 가운데 있는 수많은 사람들 - 저희가 가지고 있는 떡 다섯 개와 물고기 두 마리, 주님의 손에 올려드렸더니 모두가 배불리 먹을 수 있었습니다.

나에게 있는 것을 끄집어 내면 주님은 일하십니다. 사람을 긍휼히 여기는 마음이 있으면 내게 있는 것으로 나눌 때 지금도 이적은 얼마든지 일어나게 됩니다.

하나님께서 원하시는 것은 다른 것이 아니라 '너에게 있는 것' 그것이 재능이든 은사이든 혹은 재물이든 간에 그것을 긍휼한 마음으로 나누라는 것입니다. 나눔은 풍성한 남음(12 바구니)이 있게 합니다.

기도하러 산으로

마가복음 Mark 6: 45-52

예수께서 즉시 제자들을 재촉하사 자기가 무리를 보내는 동안에 배 타고 앞서 건너편 벳새다로 가게 하시고 무리를 작별하신 후에 기도하러 산으로 가시니라(45-46)

After leaving them, he went up on a mountainside to pray. When evening came, the boat was in the middle of the lake, and he was alone on land.

....

오병이어의 이적 이후에, 예수께서는 왜 재촉하여 제자들을 바다 건너편 벳새다로 가게 하시고 무리들을 보내신 후, 기도하러 홀로 산으로 가셨을까?

아마도 사람들의 육적인 욕구만을 채워주시기 위함이 아니라 영적 구원이 우선이 되어야 함과 스스로 영광에 도취되지 않으려 내적 심령을 들여다보며 하나님의 능력을 재충전해야 할 필요성을 느끼셨던 것 아닌가 하는 생각이 듭니다.

하나님의 뜻을 올바로 깨닫지 못하게 되면 마음이 강퍅해질 수밖에 없기에 무엇보다 중요한 것은 하나님과 교통하는 일입니다. 하나님 앞에 나 홀로 서는 일을 먼저 해야 합니다. 제자들 역시도 물고기 두 마리와 보리떡 다섯 개로 5천 군중이 배불리 먹고 12

광주리가 남는 놀라운 기적에 도취되어 있다 심한 바람 앞에 두려움을 느낍니다.

　예수 그리스도께서 어떤 분이신가를 먼저 헤아려야 했습니다. "안심하라! 나다. 두려워 마라!" 예수와 함께 하므로 오는 평온함이 여러분에게 있기를 빕니다.

Shalom!

우리는 예수님의 기도에서 많은 것을 배워야 합니다. 우리는 우리의 기도 습관을 과시하는 것이 아니라 우리의 방에 들어가 문을 닫고 은밀히 아버지께 기도해야 합니다. 구경꾼을 곁눈질하는 것만큼 기도를 망치는 것이 없듯이, 하나님께서 지켜보고 계신다는 느낌만큼 기도를 풍요롭게 하는 것도 없습니다. 그럴 때 아버지께서 우리에게 상을 주실 것입니다.

하나님의 계명이 우선

마가복음 Mark 7:1-8

너희가 하나님의 계명은 버리고 사람의 전통을 지키느니라(8).

"Neglecting the commandment of God, you hold to the tradition of men."

....

6·25 한국전쟁이 일어난지 70여 년이 지났습니다. 민족의 평화를 위하여 기도합니다. 그러면서 묻습니다. "여러분은 하나님의 계명이 우선인가 아니면 인간이 만든 전통이 우선인가?"

남과 북의 형제들이 철천지원수처럼 살아온 70여 년 세월, 형제 사랑은 물론 원수까지도 사랑하라는 계명을 우리는 어떻게 지킬 것인가?

어느 제자가 손을 깨끗이 닦지 않고 떡을 먹는 것을 보고 정결법에 어긋났다고 비난하는 위선적인 바리새인과 서기관들에게 "이 백성이 입술로는 나를 공경하되 마음은 내게서 멀도다"(사 29:13), 이사야 선지자의 말을 들어 책망을 하십니다.

예수 믿는 그리스도인들에게 무엇이 우선인가를 묻고 있는 것입니다. 이제는 사람들에 의해 만들어진 것들을 과감하게 뒤집어 엎고 사랑의 계명을 따라야 할 때가 아닐까요?

COVID-19 팬데믹 사태를 겪으면서 정결법이 아니라 할지라도 손을 깨끗이 닦지 않는 사람이 없는 것 같이 말입니다.

　어떤 법령이나 교리나 신학적 사고에 의하여 한국장로교 교단이 300개가 넘게 만들어진 것을 보면, 예수를 믿고 따름에 있어서 하나님의 계명이 우선인가 아니면 사람들이 만드는 전통이나 교리나 신학이 우선인가. 우리는 어떤 것을 따르고 어떤 일을 하면서 살아야 하는가. 물론 하나님의 계명이 우선이어야 합니다.

무엇이 더러운가?

마가복음 Mark 7:14-23

무엇이든지 사람 밖에서 사람 안으로 들어가는 것으로써 그 사람을 더럽히는 것은 아무것도 없다. 사람에게서 나오는 것이 그 사람을 더럽힌다 (15-16).

Nothing outside a man can make him 'unclean' by going into him. Rather, it is what comes out of a man that makes him 'unclean.'

....

사람 안으로 들어가는 것과 사람 안에서 나오는 것은 무엇인가? 마가복음 7:1-13에서 정결과 부정에 대한 논쟁이 있은 후, 하나님의 계명을 버리고 사람의 전통만 귀하게 여기는 자들을 책망하시며 하신 말씀입니다.

사람 안으로 들어가는 것은 음식을 말합니다. 모든 생물은 우리에게 먹을거리로 주셨습니다(창 1:29-30). 먹는 것이 부정한 것이 아니라 모든 먹을거리는 깨끗한 것입니다. 세상의 어떤 풀과 나무라도 잡풀이나 잡목은 없는 것입니다. 사람이 자기 필요에 따라 그렇게 부를 뿐입니다. 약초가 되지 않는 풀과 나무는 없습니다. 아무리 독초라 할지라도 사용하는 이에게 필요한 약제가 됩니다.

사람들은 배설물(똥)을 더럽다고 하지만, 옛날 농경시대에는 사람에게서 나오는 배설물도 자연으로 돌려 거름을 해서 땅을 기름지게 했습니다. 예수께서 더럽다고 하신 것은 사람에게서 나오는 악한 생각이나 마음을 말씀한 것입니다. 사람의 악한 생각이나 마음에서 음행과 도둑질과 살인과 간음과 탐욕과 악의와 사기와 방탕과 악한 시선과 모독과 교만과 어리석음이 나옵니다(21-23).

매일 아침 말씀을 묵상하는 것은 하나님의 말씀을 통하여 내 자신을 살피며 악한 생각이나 마음에서 벗어나 주의 뜻을 따르려 하기 때문입니다.

어떤 생각을 하느냐에 따라 늙어감이 달라집니다. "나이만큼 늙는 것이 아니라 생각만큼 늙는 것이고, 자기가 하고 싶은 일을 하는 것이 오래 잘 사는 비결입니다"(George Burns).

Shalom!

사람 밖의 어떤 것도 사람 안으로 들어가서 그를 '부정'하게 만들수 없으며, 오히려 사람으로부터 나오는 것이 그를 '부정'하게 만든다. 이 말씀에서 예수님은 제자들이 먼저 손을 씻는 의식을 거치지 않고 음식을 먹는 것을 염려하는 바리새인과 율법 교사들의 비판에 응답하고 계십니다. 예수님은 사람을 영적으로 더럽게 만드는 것은 무엇을 먹거나 마시는 것이 아니라 마음과 생각, 태도, 행동 등 내면에서 나오는 것이라고 말씀하고 계십니다. 이 가르침은 하나님을 사랑하고 다른 사람을 사랑하는 것의 중요성과 외적인 종교적 관습보다 내적인 변화를 우선시하는 예수의 광범위한 메시지와 일치합니다.

기도해야 할 때

마가복음 Mark 7:24-30

이에 더러운 귀신 들린 어린 딸을 둔 한 여자가 예수의 소문을 듣고 곧 와서 그 발 아래에 엎드리니(25).

In fact, as soon as she heard about him, a woman whose little daughter was possessed by an evil spirit came and fell at his feet.

....

기도와 간구는 끈질기게 해야 합니다. 하나님께 찬양과 영광을 돌리는 것은 믿는 이들의 삶 속에서 늘 하는 일입니다. 그러나 간구 혹은 간청은 특별히 요청하는 일입니다.

개 취급을 받는 수모를 겪으면서도 끝까지 딸의 회복을 위하여 무릎 꿇고 간구하는 여인을 보십시오. 자신의 앞에 있는 분에 대한 확고한 신뢰이며 딸이 회복될 수 있다는 굳은 믿음입니다. 예수께서는 그 여인에게 감동하여 칭찬하셨고, 더 놀라운 사실은 딸이 치유되는 기적이 일어나게 되었다는 점입니다.

지금 나와 여러분은 기도해야 할 때입니다. 개인적인 삶뿐만이 아니라 가정이나 교회공동체나 사회적으로도 기도가 필요할 때입니다.

팬데믹 사태 속에서 우리에게 필요한 것은 치유와 회복의 은총이 일어나는 것입니다. 종교 개혁 중 어려움을 겪게 된 마틴 루터는 "주님, 이 시간 당신께서 저에게 해 주실 일은 저를 도와주시는 것뿐입니다." 아주 단순하고 간결하게 기도했다는 점입니다.

어렵고 힘든 시기일수록 주여, 나를 도우소서. 개인이나 신앙공동체를 위하여 기도해야 합니다. 아주 간단한 마틴 루터의 기도가 종교 개혁의 힘이 되었듯이, 나 한 사람의 기도와 간구가 삶의 자리뿐만 아니라 세상을 변화시키는 힘을 얻게 합니다.

Shalom!

너희는 기도할 때에 이방인과 같이 중언부언하지 말라 그들은 말을 많이 하여야 들으실 줄 생각하느니라 -마태복음 6:7

그러면 예수께서는 기도에서 무엇을 금지하셨습니까? 예수께서 그의 백성들에게 금하신 것은 마음이 움직이지 않을 때 의미 없는 말로 이루어진 입으로 드리는 모든 종류의 기도입니다.

내게 있는 것으로!

마가복음 Mark 8:1-9

내가 무리를 불쌍히 여기노라; 그들이 나와 함께 있은 지 이미 사흘이 지났으나 먹을 것이 없도다(2).

"I have compassion for these people; they have already been with me three days and have nothing to eat."

....

빵 다섯 개와 물고기 두 마리로 5천 군중을 먹이고 열두 광주리가 남았던 이적 이야기를 우리는 생생하게 기억을 합니다(막 6:35절 이하).

이번에는 사흘 동안 광야에서 함께 했던 사람들이 먹을 것이 없어서 굶주리게 되었던 상황에서 그들을 불쌍히 여기시는 예수의 마음과 자신의 마음을 제자들에게 알리시는 예수를 만나게 됩니다.

늘 예수께서 원하셨던 것은 "너희들이 가지고 있는 것으로…"였습니다. 비롯 아무것도 없는 황량한 광야였지만, 제자들이 지니고 있는 마른 떡 다섯 개와 물고기 두어 마리가 전부였습니다.

지금 우리가 관심을 기울여야 할 것은 이적 이야기가 아닙니다. 어떻게 이런 일이 일어날 수 있었느냐는 것입니다. 오병이어의 이적 이야기가 있었듯이, 빵 일곱 개와 물고기 두어 마리 가지고 4

천 명을 먹일 수 있었던 것이 우리가 성만찬을 대하듯이 예수님께서 함께 하실 때 끊임없이 일어났을 것입니다. 그러므로 지금도 얼마든지 있을 수 있는 일입니다. 최일도 목사가 청량리에서 밥퍼 목사가 되었듯이 말입니다.

우리가 젊게 활동하며 살아간다는 것은, 육신적 건강을 말하기 전에 생각하는 사고가 젊어야 가능한 것입니다. 사람을 불쌍히 여기는 마음(Compassion for these people), 모든 이적은 여기에서 시작됩니다. 그리고 너희에게 있는 것으로 주라 하십니다. 내가 가지고 있는 것으로 이적이 일어납니다.

힐난하는 자들과 논쟁하지 마라

마가복음 Mark 8:10-13

바리새인들이 나와서 예수를 힐난하며 그를 시험하여 하늘로부터 오는 표적을 구하거늘(11),

The Pharisees came and began to question Jesus. To test him, they asked him for a sign from heaven.

....

어떻게 해서든지 예수를 곤경에 처하게 하려고 비열한 짓을 하는 바리새파 사람들, 얼마나 참담한 생각이 들었으면 예수께서 그들과 논쟁을 피하여 바다 건너편으로 가셨을까…(13). 예수를 시험하기 위하여 하늘의 더 큰 이적을 요구하며 힐난하는 그들의 요청을 단호하게 거절하시고 그곳을 떠나는 예수의 마음에 깊은 탄식이 있었습니다.

"악하고 음란한 세대가 표적을 구하나 요나의 표적밖에는 보여줄 것이 없다"(마 16:1-4) 하신 것입니다.

자기중심적이고 남을 배려할지 모르는 사람들이 있습니다. 자기의 생각은 옳고 남의 생각은 틀렸다고 생각하기에 자기주장을 하다가 받아지지 않으면 남을 힐난하는 사람들과는 의사 소통이 되지 않아 침묵할 수밖에 없게 됩니다. 그 자리를 떠나 더 많이 침묵하게 되는데, 논쟁이 아니라 기도하며 하나님의 뜻을 찾으려 함이고 비열한 짓에서 벗어나고자 하는 마음입니다.

때로는 강하게 맞서는 것도 필요하지만, 어느 때는 조용히 물러나 침묵하는 것이 더 유익할 때가 있기에 삶과 죽음의 문제가 아니라 하면 내 생각 내 뜻만을 주장하는 일은 피하는 것이 좋습니다.

Shalom!

그런즉 너희는 먼저 그의 나라와 그의 의를 구하라 그리하면 이 모든 것을 너희에게 더하시리라 -마태복음 6:33

■ 정봉수 목사 일대기 -6

-목회를 마무리하며

미국에 이민을 온 사람들 중에 교육과 언론, 성직 등에서 활동하다가 오신 분들이 미국 생활에 잘 적응하지 못하는 모습을 늘보게 되었다. 그 이유는 기술을 가지고 있는 분들은 어느 곳에서나 살아갈 수 있지만, 그렇지 못한 분들은 자신이 하던 일 외에는 할 줄 아는 일이 별로 없기 때문이다. 어떤 삶이든 부딪쳐 낼 수 있는 사람이어야 살아갈 수 있는 곳이 이민의 땅이기 때문이다.

교회 목회를 하면서 아쉬움이 남지 않는다면 거짓말이겠지만. 주님께서 맡겨주신 일은 여기까지라고 생각한다면 아쉬울 것도 없다. 아무리 작은 교회공동체라 할지라도 있는 자리에서 순수한 마음으로 섬기려 했고, 철저하게 맡겨진 일을 감당하려 했기에 전혀 아쉬움이 없다는 것이다. 오히려 달려갈 길 무사히 마치게 하시고 또 다른 삶을 시작하게 하신 것이 은총이고 감사할 뿐이다.

은퇴한 후에 어느 조용한 마을에 가서 텃밭을 일구며 살고 싶었었다. 그러나 목회를 하면서 경제적으로 땅 한 평 구해 놓지 못했다. 그럴 여유가 없었다. 그러나 지난 8년 동안 나는 들꽃 피는 마을에서 이 경험을 다 하였다. 뿐만 아니라 아내가 건강에 문제가 생기게 된 후에는 더 이상 농사꾼의 꿈을 내려놓을 수밖에 없었다.

이제 나에게 새롭게 시작되는 일은 오래전부터 생각했던 일이었고, 이미 시작하고 있다. 다른 것이 아니라 생명살림지기로서 끝까지 가려 한다.

나는 어린 시절부터 기독교가 영혼 구원만을 외치며 모든 것을 인간중심으로 생각하는 자들이 그것을 하나님의 뜻처럼 말하고 가르치는 것이 싫었다. 우리가 살고 있는 지구상에는 인간이라는 종만 살고 있는 것이 아니다. 자연 생태계가 살아야 그 안에 있는 인간들도 살 수 있는 것임에도 불구하고, 모든 생태계는 하나님이 인간에게 주신 것이고, 오직 인간만을 위하여 자연 생태계가 존재하는 것처럼 생각하는 기독교인들이 절망처럼 다가왔다는 말이다.

지구가 인간을 위해서 있는 것이 아니라, 인간도 지구상에 있는 여러 생태 중 한 존재라는 것을 잊어서는 안 된다. 인간이 살고자 한다면 자연 생태계가 살아야 함께 호흡할 수 있다. 피조물이 다 이제까지 인간과 함께 탄식하며 함께 고통을 겪고 있다는 사실을 알아야 한다(롬 8:22).

교회가 기후 환경문제를 신앙적으로 받아들이고 해결해 나가지 않는다면, 교회는 교회로서의 역할을 제대로 하지 못하게 되는 것이다. 왜냐하면 교회는 살리는 일을 하지 못하고 죽이는 일에 앞장서는 것이 되기 때문이다.

치유와 회복과 구원은 인간만이 아니라 피조물들에게도 이루어져야 할 과제이다. 진정한 평화는 인간과 함께 자연이 누려야 한다. 사람이 살기 위해서 자연을 파괴한다면, 마땅히 인간도 함께 파괴되는 것이다.

그동안 구원사적 눈으로 성경을 봐 온 것은 교인들만 위한 것이 아니었다. 세상 모든 사람들 뿐만 아니라 자연 생태계까지 구원사적 눈으로 성서를 봐 온 것이다. 교회라는 공동체를 떠나 우리 모두가 살아야 할 자연이란 공동체를 위하여 성서를 묵상하고 나누려 한다. 그리고 더 많은 만남을 통하여 세상을 살펴보려 한다. 이제 나의 삶이 많이 남아 있지 않기 때문이다.

살아있음을 감사하고, 살아있기에 더 열심히 살아갈 것이다. 내가 자연스럽게 호흡할 수 있는 환경 속에서 살아가는 삶이 평화스러운 것을 알기 때문이다.

순례자를 위한 작은 Chaple@Tucson

삶의 변화를 원하는데 왜 변화되지 않는가?

세상 사람 누구나 느끼는 갈등(conflict)입니다. 특히 신앙인으로 살아가면서 갈등하는 것은, "너희 염려를 다 주께 맡기라 이는 그가 너희를 돌보심이라(벧전 5:7). 모든 것을 주님께 맡기고 산다고 하는데, 문제는 삶의 변화가 잘 일어나지 않는다는 것입니다.

그 이유가 무엇일까요?

능력 많으신 하나님께서 우리를 변화시켜 주시지 못하는 것일까요? 나는 그 이유를 내가 실천하지 않기 때문이라는 결론을 내렸습니다. 성서말씀을 묵상하면서 '내면을 향한 여정'이라 한 이유입니다. 나 자신의 삶을 먼저 살펴야 합니다.

먼저 변화를 생각하고 변화를 간절히 원해야 합니다. 변화에 대한 디자인(Design)을 하고, 변화에 대한 목표를 세우고 그 목표를 향하여 한 걸음 한 걸음 앞으로 나아가는 것입니다.

예수님을 따라 "마음이 온유하고 겸손한 삶을 살아야지"(마 11:29) 마음에 결단을 했다면, 어떻게 겸손하게 살아갈 수 있을까 구체화시키는 것입니다. 사람들을 만났을 때, 상대편을 존중하는 마음으로 대화를 나누고 말과 행동을 부드럽고 겸손하게 훈련해야 합니다. 사람들 앞에서 자기 자랑하지 말고, 자기 자신을 낮추는 것을 실천하는 것입니다.

하루를 마무리하면서 실천했던 일을 평가해야 합니다. 생각하고 결단하고 계획했던 대로 실천했는지, 무엇을 잘했는지, 만약 이루지 못했다면 그 이유는 무엇인지 묵상 노트에 기록하는 것입니다. 회개할 것 있으면 회개하고 앞으로 어떻게 실천을 다시 할 것인지 평가한 것을 가지고 다시 목표를 세워야 합니다. 예수는 십자가상에서 "내 영혼을 아버지 손에 맡깁니다"(눅 23:46).

당신의 생명을 하나님의 권한에 맡긴다는 의미입니다. 하나님의 권위 아래 자신을 낮추는 것을 실천한 것입니다. 긴 세월 동안 말씀 묵상을 어떻게 하고 말씀을 나누게 되었는지 여기에 남기는 것은, 누구나 말씀 묵상을 통하여 내면을 향하는 여정을 보낼 수 있기 때문입니다.

성서 묵상 어떻게 할까? (1)

말씀을 묵상한다는 것은 하늘의 소리와 자연의 소리와 사람의 소리를 듣는 것입니다. 내가 알고 있는 것, 내가 이해하고 있는 것이 다가 아니라, 하나님께서 주시는 말씀을 있는 그대로 듣는 것입니다. 성서를 읽고 묵상하는 시간과 장소, 즉 나의 삶의 자리에서 성서를 읽게 됩니다. 그것은 그 말씀이 전해지는 삶의 자리에 따라 말씀이 다르게 들려오기 때문입니다. 그러므로 삶의 자리는 무엇보다 중요합니다.

　교회에 나와 있는가? 일터인가? 도시인가? 아니면 농어촌인가? 감옥처럼 느껴지는 광야인가? 평안할 때인가? 아니면 심히 어렵고 힘든 상황인가에 따라 똑같은 말씀이 다르게 다가옵니다.

　순수한 마음으로 성서를 읽고 묵상해야 합니다. 이미 알고 있다는 편견이 머리 속에 꽉 차 있다면, 말씀이 신선한 감동으로 다가오지 않게 됩니다. 하나님께서 이 시간에 나에게 주시는 말씀이므로 그 말씀을 읽고 듣게 되면 감동으로 마음에 새기게 됩니다.

성서 묵상 어떻게 할까? (2)

　'묵상'(contemplation)이란 히브리어는 '하가'(Hagah)인데, '사색하다', '생각하다'는 뜻도 있지만, 말씀을 '중얼거리다'라는 뜻입니다.

　"이 율법책을 네 입에서 떠나지 말게 하며, 주야로 그것을 묵상하여 그 안에 기록된 대로 다 지켜 행하라. 그리하면 네 길이 평탄하게 될 것이며, 네가 형통하리라"(여호수아 1:8).

　말씀을 되새김질하며 내 안에서 활력소가 되게 하여 손과 발과 머리를 움직여 기록된 대로 다 지켜 행하는 데까지 이르러야 진정한 묵상이 되는 것입니다.

　하박국 2:1-2절에 보면,

"이 묵시를 기록하여 판에 명백히 새기되, 달려가면서도 읽을 수 있게 하라" 말씀하고 있습니다. 기억력에는 한계가 있기 때문에 글을 써 남겨야 마음 판에 새기고 중얼중얼 되새김을 할 수 있습니다.

말씀 묵상 어떻게 할까? (3)

묵상한 말씀을 글로 남겨라

본문 말씀을 읽고, 단어 하나 문장 하나에 귀를 기울이고, 그 말씀의 의미를 묵상합니다. 그리고 묵상한 말씀을 노트에 기록합니다. 묵상글을 쓰기 전에 먼저 해야 하는 일은 깊은 생각입니다. 묵상한다고 하니까 불교에서 말하듯 명상을 통하여 마음을 비우는 침묵이 아닙니다. 깊은 생각을 하는 것입니다.

내가 묵상하는 이 말씀은 무슨 의미일까? 우리에게 어떤 삶의 유익이 있는 것인가? 어떻게 나의 삶에 적용하고 실천할 수 있을까? 중얼거리듯이 묻고 또 묻고 대답하고 또 대답해야 생각이 정리가 됩니다. 위가 네 개나 되는 소가 되 새김질을 하듯, 말씀을 읽고 생각하는 일을 반복하는 것입니다.

묵상 글쓰기의 필수조건은 육하원칙에 따르는 것입니다. [누가, 언제, 어디서, 무엇을, 왜, 어떻게], 영어로는 5W/1H 즉 [Who, When, Where, What, Why 그리고 How]입니다. 예로 들어 감리교 창시자 Jhon Wesley 목사는 "서로 사랑하라"는 문장 하나를 가지고 설교문을 작성합니다.

서로라는 의미가 무엇인지? 왜 서로인지, 사랑하라는 것은 무슨 의미인지, 서로 사랑은 어떻게 해야 하는 것인지, 나에게 속삭이듯 중얼거리며 글로 옮겨 놓아 보십시오. 서로 사랑하면 사람들이 우리를 예수의 제자인 줄 알아보는구나 하는 자각이 생기게 됩니다.

글을 잘 쓰려고 하지 말고, 손길 가는 대로, 마음이 움직이는 대로 글을 써 나가면 나중에 글을 다시 꺼내 보면 느끼게 되겠지만, 생명력있는 글이면 글 쓴 대로 싹이 나고 자라고 꽃 피고 열매 맺었음을 알게 될 것입니다. 글을 쓰다 보면 내면의 글이 나오게 됩니다. 나도 모르는 사이에 새로운 결단을 하게 되고 용서도 되고 치유도 되며, 기쁨과 감사가 우러나오게 됩니다. 치유하시고 자라게 되는 은총도 힘입게 됩니다.

성서 묵상 어떻게 할까? (4)

말씀을 어떤 틀(frame) 속에 가두지 말라

하나님의 말씀은 생동력이 있어 살아 움직이는 것입니다(히 4:12). 사람의 마음과 생각과 뜻을 판단하십니다. 말씀이 처음 전해졌던 시대에는 그 당시 사람들에게 감동으로 다가왔을 것이며, 말씀이 글로 기록될 때 그 시대의 사람들에게 역시 감동으로 전해졌을 것입니다. 지금도 마찬가지로 오늘 우리에게 전해지는 말씀은 생명력이 있어 말씀을 사모하는 사람들에게 생명력으로 전해지고 받아들이게 됩니다.

　죄라는 프레임에 사람이 갇혀 있으면 안 됩니다. 그렇기 때문에 구원과 자유가 필요합니다. 치유와 회복이 필요합니다. 사람도 살아 움직이는 생물체이기에 갇히지 않는 게 기본입니다. 그런데 살아있는 하나님의 말씀을 어떤 틀 속에 가두어 놓고 자신들의 입맛에 따라 전하려 합니다.

　성서 안에서 나의 삶을 찾아내고 나의 삶을 이끌고 성서 속으로 들어갈 수 있어야 합니다. 하나님께서 나의 생명을 허락하셨고, 이 시대를 살아갈 수 있게 하셨기에 살아갈 수 있는 원동력이 성서 속에 우리를 향하신 살아있는 하나님의 말씀인 것입니다.

　모든 것을 하나의 틀 안에 집어넣고 성서를 읽고 묵상하게 되면, 그 틀 안에 갇히게 되어 인간이 만들어 놓은 교리에 갇히게 됩니다. 그래서 신앙인들이 외고집이 되고 고집불통, 즉 다른 사람들과 소통이 일어나지 않게 되는 것입니다. 하나님의 말씀을 성경이라는 책에서 풀어 놓아라. 말씀도 자유롭게 움직이게 하라. 글이라는 틀에서 풀어 놓아라. 자유롭게 하늘을 날게 하고 땅을 뒤덮게 하라. 그리고 우리의 마음을 활짝 열어서 마음껏 날개를 펴고 온 세상을 휘젓고 돌아다니게 하라. 갇혀있게 하지 말라. 그것이 구원인 것이다.

성서 묵상 어떻게 할까? (5)

성서 본문에 치중하라

다른 자료에 의지하지 말고 성서 본문 말씀의 단어 하나, 문장 하나에 모든 상상의 날개를 펴서 묵상을 해야 합니다. 특히 글자에 머물지 말아야 합니다. 성서는 해석학이라 할 수 있습니다. 성서 안에 있는 말씀은 그 시대의 말로 재해석되어야 합니다. 성서를 읽는 사람의 삶의 자리에서 해석되고 또 해석되어야 합니다. 삶의 자리에서 해석되지 않고는 감동으로 내 가슴에 와닿지가 않습니다.

성서는 문자적으로 받아들이면 안 됩니다. 예로 들어 출애굽기 21:23에 "그러므로 다른 해가 있으면 갚되, 생명은 생명으로, 눈은 눈으로, 이는 이로, 손은 손으로, 발은 발로, 덴 것은 덴 것으로, 상하게 한 것은 상함으로, 때린 것은 때린 것으로 갚을지니라"는 말씀이 있습니다. 오늘 날도 글자 그대로 받아들이는 사람이 있습니까?

설교란 성서 본문의 말씀의 뜻이 무엇일까를 해석하는 것입니다. 많은 기독교인들이 잘못 이해하고 있는 부분이 바로 이런 것입니다. 그래서 세상 돌아가는 이야기를 하지 말고 성경말씀만 전하라 합니다. 그런데 이 말이 얼마나 모순된 것인지 사람들은 모릅니다. 설교는 성서말씀을 처해 있는 삶의 자리에서 해석해서 전하는 것입니다. 3천 년, 2천 년 전에 유대인들에게 전해진 말씀을 그냥 전하기만 하면 되나요? 그 시대에 왜 이런 말씀이 선포되었을까를 이해하고 그 시대의 사람들의 삶을 들여다볼 수 있어야 오늘 우리에게 어떤 의미인가를 찾아낼 수 있습니다.

▲들꽃 피는 마을에서

광야에서의 성경 묵상

초판 1쇄 인쇄 | 2023년 3월 29일
초판 1쇄 발행 | 2023년 4월 10일

지은이 | 정봉수
펴낸이 | 김용길
펴낸곳 | 작가교실
출판등록 | 제 2018-000061호 (2018. 11. 17)

주소 | 서울시 동작구 양녕로 25라길 36, 103호
전화 | (02) 334-9107
팩스 | (02) 334-9108
이메일 | book365@hanmail.net

인쇄 | 하정문화사

ⓒ 2023, 정봉수
ISBN 979-11-91838-13-8 03230